Managen en Leiden Pre-Corona, over Leren (en Afleren).

Voor Do & Damies

Uitgever: Damies, Schijndel
ISBN 978-907-8805-205
Foto: Easy the Anatolian, Michelle Scheepers

www.willemscheepers.nl
www.managementpro.nl

Managen en Leiden Pre-Corona, over Leren (en Afleren).

Hoe zag het managen, het leiden van je organisatie er ook alweer uit in het tijdperk voordat onze samenleving, onze economie werd getroffen door de corona pandemie? In alle hectiek zouden we dat bijna vergeten, terwijl er toch nog veel van die ervaringen valt te leren; afleren trouwens ook.

Dit boekje is opgedeeld in 3 onderdelen: Managen, Veranderen. Leiden.

'Managen' ofwel: het kan altijd beter. Zo blijkt uit onderzoek dat niet competentie maar incompetentie wordt beloond, zeker als het gaat om mannen. De vraag is ook: waren we voorbereid op een pandemie? (NB; op Brexit zijn we dat ook nauwelijks).

'Veranderen', ook omdat er binnen de Overheid veel openbare onderzoeken plaatsvinden zijn m.n. organisatieonderdelen als de Belastingdienst resp. het Ministerie van JenV leerzame voorbeelden voor 'de ongeschreven regels van het spel'.

'Leiden', het zijn de familiebedrijven die de leiding namen bij het prestigieuze 'Zandvoort' project. Aan de andere kant vraagt de aanpak van racisme en ongelijkheid op de werkvloer resp. de implementatie van robotisering, kunstmatige intelligentie, machine leren ook om Leiderschap.

Maar d.i. feitelijk toch 'klein bier'. De corona pandemie laat zien dat hierna weinig meer hetzelfde zal zijn v.w.b. managen resp. leiden van je organisatie, althans: dat kan. Om dat te bepalen en daarmee te beginnen is de tijd daarvoor Nu.

Overigens, was iedere organisatie voor dat deze pandemie begon 'kern gezond'? Ik dacht het niet.

Willem Scheepers, Schijndel augustus 2020.

MANAGEN

Kern Gezond onze Organisatie! Maar Niet Heus…..

"Geen organisatie is belangrijker dan de mensen die het dient of de missie die het nastreeft, en dat iedereen binnen de organisatie wordt beoordeeld op hun daden, niet op hun woorden."

Aan dit, enigszins aangepaste, citaat van de Britse Charity Commission, dacht ik op het moment dat ik het zojuist door het Ministerie van Economische Zaken en Klimaat gepubliceerde rapport "BIT-advies over het programma Kern Gezond bij de Kamer van Koophandel" las. Opnieuw blijkt een IT project giga uit de hand te lopen. Overheid en semi-Overheid vergeten steeds dat zij hun, exorbitante, uitgaven doen met gemeenschapsgelden: "Er is geen relatie tussen de besteding van middelen en het behalen van resultaat. Inmiddels is € 15,5 miljoen uitgegeven, de maandelijkse besteding is momenteel ongeveer € 800.000. 'Kern Gezond' heeft voor dit bedrag nog nauwelijks geaccepteerde software opgeleverd die bijdraagt aan de hoofddoelen van het programma. "aldus de onderzoekers van het Bureau ICT toeslag.

Dat wat het Bureau ICT toeslag signaleert is feitelijk 'gesneden koek' voor alle projecten die in een organisatie fout lopen of fout dreigen te lopen; synopsis:

- ➢ In 'Kern Gezond' ontbreekt een gedegen aanpak, wat leidt tot een gebrek aan sturing;
- ➢ Het is onduidelijk wat het programma precies wil bereiken;
- ➢ Het programma doet teveel tegelijk. Het bestaat uit acht losse projecten waarvan de bijdrage en de samenhang niet helder is;
- ➢ Er is geen goed beeld van de voortgang van het programma;
- ➢ Er is geen relatie tussen de besteding van middelen en het behalen van resultaat.

Managen en Leiden Pre-Corona, over Leren (en Afleren).

Let wel: het is 2019! Soms vraag je jezelf, als docent in het Hoger en Universitair Onderwijs, af waarvoor je het allemaal doet, laat staan als organisatie ontwikkelaar….. Maar het meest interessante citaat mag zeker niet onvermeld blijven:

"De organisatie is onvoldoende betrokken bij Kern Gezond. Er zijn vijf software-ontwikkelteams met een vijftigtal voornamelijk externe medewerkers aan het werk. De twee teams die het nieuwe Handelsregisterdomein ontwikkelen bepalen grotendeels zelf waar ze aan werken, zonder dat er gebruikers of opdrachtgevers uit de organisatie bij betrokken zijn. De teams zijn begonnen met ontwikkelen zonder rekening te houden met eisen op het gebied van informatiebeveiliging, privacy en performance, met als gevolg dat delen van het werk opnieuw gedaan moeten worden." Bron: Advies van Bureau ICT-toetsing (BIT) inzake het programma Kern Gezond bij de Kamer van Koophandel

Je geeft 15 miljoen uit en je 'bent onvoldoende betrokken': een brevet van onvermogen, noemen we dat ook wel of op z'n minst een 'organisatiecultuur probleem'.

Van een totaal(!) andere orde, maar in de basis toch vergelijkbaar, is het rapport dat ook deze week wordt gepubliceerd door de Britse Charity Commission: "Al met al concludeert de Commissie dat er op dat moment sprake was van een gedoogde cultuur van slecht gedrag en dat er te weinig verantwoording werd afgelegd door en over het handelen van personeel, iets waarvan individuen vervolgens hebben geprofiteerd."

Dit citaat is 'van een totaal(!) andere orde' dan de KvK omdat de Charity Commission onderzoek deed naar wangedrag (achteraf bezien een eufemisme) in Haïti door medewerkers van Oxfam Groot Brittannië in 2011. Met bijna typisch Brits understatement is de titel van het onderzoek "Missed opportunities and a flawed response": "Gemiste kansen en een gebrekkig reactie." De onderzoekers van de Charity Commission komen tot vergelijkbare punten als hiervoor aangehaald met deze, toch relevante, aanvulling:

> ➢ er heerst een cultuur waarbij de missie en waarden van de organisatie niet voldoende zijn ingebed in de dagelijkse acties en gedragingen binnen de organisatie om de verwachte manier van werken te versterken in overeenstemming met de gedragscode.

Ook hier is er sprake van een 'organisatiecultuur probleem': je beschikt als organisatie over een Missie, over gedragscodes, maar er ontbreekt hieraan persoonlijk commitment. Er is geen of op z'n minst onvoldoende voorbeeldgedrag. Mensen in de organisatie worden er niet voor beloond, laat staan op aangesproken.

Terug naar de KvK, wat is de Missie van de KvK: "Wij maken het leven van ondernemers makkelijker met informatie. Met onze kennis, expertise en advies leveren we een bijdrage aan het ondernemersklimaat in Nederland. Zo ondersteunen we Nederlandse bedrijven richting een groter innovatievermogen en concurrentiekracht. Dit komt de welvaart en het welzijn in ons land ten goede." Je mag je als verantwoordelijken binnen de KvK afvragen of je met de doelloze maandelijkse uitgave van € 800.000 bijdraagt aan 'welvaart en welzijn in ons land'? Ik dacht het niet.

'Een cultuurverandering, is die eenvoudig?' Nee, zeker niet. Sterker nog: het is zelfs de vraag of je daaraan überhaupt wil beginnen: aan een cultuurverandering. Of, zoals ik eerder signaleerde bij de Belastingdienst: Cultuur is niet de Dader! Maar dat alles maakt het advies, of is het de waarschuwing(?), van de Britse Charity Commission niet minder interessant: "No charity is more important than the people it serves or the mission it pursues". Algemeen vertaald:

Managen en Leiden Pre-Corona, over Leren (en Afleren).

"Geen organisatie is belangrijker dan de mensen die het dient of de missie die het nastreeft, en dat iedereen binnen de organisatie wordt beoordeeld op hun daden, niet op hun woorden."

Niet Competentie maar Incompetentie wordt Beloond, zeker als het gaat om Mannen….

"Hoe kunnen rationele mensen die hun persoonlijk belang voorop stellen, vallen voor charismatische oplichters die hen het onmogelijke beloven terwijl deze 'leiders' schadelijke agenda's en corrupte egoïstische belangen nastreven?" Dat is de vraag die psycholoog Tomas Chamorro-Premuzic stelt in zijn zojuist verschenen boek "Why Do So Many Incompetent Men Become Leaders (And How To Fix It)" Hoe kiezen we onze leiders? En zijn degenen die de top halen het beste voor hun werk? Als je de voorbeelden ziet die Chamorro-Premuzic aanhaalt, dan kun je daarover op z'n zachtst gezegd je twijfel uitspreken. Wat te denken van Rodrigo Duerte, Nicolás Maduro, Donald Trump, maar ook: David Cameron, Bernie Madoff, Dominique Strauss Kahn, Harvey Weinstein….. Wellicht dat wij er in ons land ook nog een paar hebben, zowel in het bedrijfsleven als in de politiek.

De definitie die Thomas Chamorro-Premuzic (hierna te noemen 'Dr. Thomas', analoog aan de extensie van zijn website) hanteert voor het begrip 'competentie' is: "Een competent leider is iemand die een positief effect heeft op zijn of haar team, ondergeschikten, volgers en de organisatie. In organisaties kijk je daarvoor dan naar wat het niveau van engagement is bij het team, wat het moraal en de productiviteit zijn van het team, wat de opbrengsten, winst en innovatiemaatstaven zijn van de organisatie. Hoe beter c.q. hoe meer competent de leiders, hoe hoger al deze statistieken zijn. Wanneer leiders incompetent zijn, krijg je het tegenovergestelde: lage moraal, lage productiviteit, lage betrokkenheid, hoge burn-out, stress en angst. Dus we meten of een leider bekwaam is of niet op basis van hoe hij of zij het team beïnvloedt."

Managen en Leiden Pre-Corona, over Leren (en Afleren).

Zoals FNLondon.com's Becky Pritchard in een eerste review van het boek stelt lijkt Dr. Thomas zich meer te richten op leiderschap in het algemeen dan op het slachtofferen van mannen en is het boek wellicht beter te omschrijven als 'Waarom wij de verkeerde dingen waarderen in onze leiders'. Pritchard: "He (Chamarro-Premuzic) argues that humans are generally pretty bad at picking leaders. We tend to think people who are certain of their own brilliance and are good at charming others should be our chief executives. For cultural reasons, those qualities also tend to be more associated with men than women. Yet confidence and charisma do not a good boss make."

Dr. Thomas: "Ironisch genoeg, wanneer mensen erg zelfverzekerd lijken, zelfs als zij zelf misleid worden zoals in het geval van narcisten, zullen zij in staat zijn om andere mensen voor de gek te houden door persoonlijk te denken dat ze slim, bekwaam of zelfs leiderschap-waardig zijn. Dus dat is hoe waarschijnlijk overmoed en narcisme evolueerden als eigenschappen, want hoewel ze deze staat van interne waan of misleiding creëren, zijn ze uiteindelijk nuttig om mensen te helpen beter over te komen dan zij in werkelijkheid zijn of door anderen voor de gek te houden." Voor zover charisma en narcisme (zie voor meer hierover entries m.b.t. M. Kets de Vries).

Dan blijft de vraag: "Hoe kunnen rationele mensen die hun persoonlijk belang voorop stellen, vallen voor charismatische oplichters die hen het onmogelijke beloven terwijl deze 'leiders' schadelijke agenda's en corrupte egoïstische belangen nastreven?" Dr. Thomas heeft daarvoor 3 verklaringen:

De eerste is dat overmoed eenvoudig kan worden gemaskeerd als competentie, vooral als deze overmoed door mannen wordt getoond.

De tweede en derde reden zijn dat narcisten en psychopaten vaak naar de top stijgen, omdat de eigenschappen die uit deze profielen voortkomen – grote risico's durven nemen, geen empathie tonen bij het nemen van die risico's en grootse ideeën nalopen – dezelfde eigenschappen zijn die worden gewaardeerd in een kapitalistische cultuur.

Het idee is dus niet dat alle mannen incompetent zijn, maar dat incompetente mannen vaak door de samenleving worden beloond. "The more I have studied leaders and leadership, the more I believe that the much bigger problem is the lack of career obstacles for incompetent men." stelt Dr. Thomas in een recent interview wat op z'n minst suggereert dat wij onze verwachtingen naar boven dienen bij te stellen zodra wij onze leiders voor het kiezen hebben c.q. zodra wij hen aanstellen in een leidinggevende positie: competentie boven incompetentie! Wat hij daarbij als selectiecriteria voorstelt om e.e.a. te kunnen voorkomen, is niet hemelschokkend zoals m.b.v. persoonlijkheidstests en 360o interviews. Zijn advies is 'slechts' om de, bij voorkeur evidence based, uitkomsten daarvan nu ook eens écht te gaan hanteren bij je werving en selectie.

In het interview gaat Dr. Thomas tot slot nog in op Jacinda Ardern, Nieuw Zeeland's premier. In de nasleep van de aanslag op de bezoekers van een moskee in Christchurch, een schietpartij die aan 50 mensen het leven kostte, toonde Ardern compassie, empathie en altruïsme: Leiderschap. Feitelijk is haar gedrag tegenovergesteld aan dat wat haar mannelijke collegae lieten zien bij vergelijkbare aanslagen in hun land. Zeer zeker interessant, toch is het voorlopig nog de vraag of op je CV vermelde competenties als 'compassie, empathie, altruïsme', je momenteel sneller, of zelfs überhaupt, in een leidinggevende positie zullen plaatsen; helaas.

World Economic Forum 2019 #WEF19

Een bezoek aan Davos mag momenteel dan uitsluitend zijn weggelegd voor de gefortuneerden onder ons, de agenda van de 2019 ed. van het World Economic Forum is er niet minder interessant om. In de verschillende conferentieruimtes komen er een scala aan onderwerpen aan bod w.o.: de 4e Industriële Revolutie, Geo Strategie, Economie, Klimaat, Leiderschap, Arbeid, Bestuur, Disruptieve Technologieën. Vragen die niet alleen aan de deelnemers maar ook aan ons worden gesteld zijn: – Hoe kunnen we de planeet redden zonder de economische groei te belemmeren? – Kun je tegelijkertijd een patriot zijn en een wereldburger? – Hoe zou arbeid eruit dienen te zien in de nabije toekomst? – Hoe zorgen we ervoor dat disruptieve technologie het leven verbetert en niet verslechterd? – Hoe creëren we een voor iedereen eerlijkere wereldeconomie? – Hoe kunnen we landen beter samen laten werken?

De agenda en deze vragen leveren een aantal berichten en rapporten op die, over het algemeen, interessante en relevante info opleveren; enkele op (management)trends gerichte voorbeelden.

Over Arbeid:

What the next 20 years will mean for jobs – and how to prepare. Kern van het artikel: kunstmatige intelligentie en robotica zullen uiteindelijk meer werk creëren, niet minder. Flex c.q. freelance arbeid wordt de norm. Er zal geen tekort aan banen zijn, maar – als we niet de juiste stappen nemen – een tekort aan geschoold talent om die banen te vervullen. Advies aan overheden, bedrijven, individuen: investeer continue in vaardigheden die aanvullend zijn op de mogelijkheden van disruptieve technologieën. In het verlengde hiervan is deze stellingname ook interessant: Our children's career aspirations have nothing in common with the jobs of the future.

Over Arbeid, Diversiteit en de keerzijde van Kunstmatige Intelligentie

Why AI is failing the next generation of women. Kunstmatige intelligentie (AI) kan je helpen bij je werving en selectie proces maar de waarschuwing daarbij is: 'garbage in, garbage out'. We voeden AI met algoritmegegevens die (onbewust) bestaande vooroordelen introduceren en die vervolgens zelfvervullend worden. In het geval van werving, zal een bedrijf dat in het verleden mannelijke kandidaten heeft ingehuurd constateren dat hun AI vrouwelijke kandidaten verwerpt, omdat zij niet passen bij de norm van eerdere succesvolle sollicitanten.

Productie en Innovatie:

The Fourth Industrial Revolution will change production forever. Here's how. Een kenmerk van de 4e IR is het samengaan van de digitale en fysieke werelden, die op hun beurt de traditionele grenzen door de hele waardeketen vervagen. Om te anticiperen op de veranderingssnelheid waarmee organisaties nu worden geconfronteerd, dienen bedrijven over te schakelen van het grotendeels verticale businessmodel naar horizontale platformen voor productie tussen bedrijven. Deze opkomende platformeconomie is te vinden in belangrijke waardeketens en valt in een van de twee categorieën digitale informatie resp. fysieke activiteit.

Duurzaamheid:

Want a Sustainable Earth? Bring on the Fourth Industrial Revolution. Het 'internet der dingen', 3D-printen, 5G-netwerken en andere 4e IR-innovaties hebben het potentieel om de koolstofemissies en het ge-/verbruik van hulpbronnen in de industriële en landbouwproductiecycli aanzienlijk te verminderen – van productie tot verzending, tot verpakking en hergebruik. Tegelijkertijd is het, door 4e IR-technologieën te gebruiken, de enige manier om op een billijke manier te voorzien in alles wat nodig is voor duurzame groei voor iedereen op de planeet.

Klimaatverandering

The Sahel is engulfed by violence. Climate change, food insecurity and extremists are largely to blame. Klimaatverandering heeft niet alleen gevolgen voor de Sahel landen maar beïnvloedt o.m. door het geweld dat daar ontstaat, de rest van de wereld, de samenleving, de wereldeconomie, en dat in toenemende mate.

Wat betekent dit allemaal voor het thema Leiderschap:

The 4 types of leader who will thrive in the Fourth Industrial Revolution. De 4e IR vervaagt de lijnen tussen de fysieke, digitale en biologische sferen. 4 type leiders die deze uitdaging aankunnen zijn: – Social Supers: leiders die zich onderscheiden door hun vermogen om goed te doen door goed te doen – Data-Driven Decisives: zij zien bijna twee keer zoveel kans te profiteren van Industry 4.0, hun organisaties plukken nu al de economische voordelen daarvan; – Disruption Drivers: zij begrijpen dat investeringen in disruptieve technologieën c.q. ontwrichtende innovaties, hun organisaties doen onderscheiden van concurrenten; – Talent Champions: zij bereiden zowel vaste als flex medewerkers voor op de digitale transformatie. Meer dan anderen investeren zij in scholing van werknemers voor de toekomst van hun werk en daarmee de continuïteit van de organisatie.

De komende dagen, tot vrijdag, zal er nog ongetwijfeld meer verschijnen vanuit Davos maar nu is het al de vraag: wordt e.e.a. vervolgens ook geëffectueerd? En dat niet alleen door de gefortuneerden.

NB; "Om 'in business' te kunnen blijven zal het bedrijfsleven aan steeds meer eisen van de samenleving moeten voldoen. Het gaat dan om diversiteit, om de visie op personeelsbeleid, maar ook over het milieuvraagstuk en da's volkomen terecht." Ben ik het helemaal mee eens, dat dit terechte eisen zijn, vandaar ook hier dit citaat afkomstig van Minster Wopke Hoekstra. Het is de les die hij meeneemt vanuit Davos.

Managen en Leiden Pre-Corona, over Leren (en Afleren).

Hoekstra nam nog meer mee: "Opleiden en bijscholen was de afgelopen dagen een belangrijk thema tijdens het WEF. Grote bedrijven als SAP, IBM en Hitachi spraken hun zorg uit over tekorten aan deskundige vakkrachten in het digitale tijdvak. Automatiseerder SAP kijkt met grote interesse naar het Duitse model van leerplaatsen in bedrijven en zegt op onorthodoxe wijze naar werknemers te zoeken. De Amerikaanse retailketen Walmart heeft besloten om fors te investeren in het trainen van zijn ruim twee miljoen medewerkers."

& Nu wij nog.

Bron: Hoekstra: 'Samenleving gaat steeds meer eisen stellen aan bedrijfsleven. En terecht' Het FD.

De 'Verklaring over het Doel van een Onderneming', voorkomt die verklaring Immoreel Gedrag?

Maandag maakte de invloedrijke Amerikaanse zakenclub Business Roundtable bekend dat 181 Top CEO's, 'Top' op de schaal van APPLE tot WALMART, afscheid nemen van het door Milton Friedman gepropageerde adagium 'De enige plicht van een bedrijf is het creëren van maximale waarde voor zijn aandeelhouders'. Vanaf nu is voor deze 181 (NB; niet alle Business Roundtable leden tekende deze verklaring) leden van de Business Roundtable het Leitmotiv: 'een economie die volledig ten dienste staat van alle Amerikanen', dus niet alleen van de aandeelhouders. Ofwel: "Each of our stakeholders is essential. We commit to deliver value to all of them, for the future success of our companies, our communities and our country."

Het bericht komt na een week waarin wij in Nederland werden geconfronteerd met enkele voorvallen die juist het tegenovergestelde in zich lijken te hebben van dat wat deze 181 transnationale CEO's, en niet van specifiek Nederlandse ondernemingen, nu van plan zijn. Nadat wij de afgelopen jaren door een scala aan bedrijfstakken en organisaties zijn overspoeld met goede bedoelingen, beloftes en eden, papier dat sneller (b)leek te verdwijnen dan dat de inkt droog was, bekruipt mij nu ook het gevoel: 'mooi, zo'n verklaring maar voorkomt dat hebzucht bij individuen, voorkomt dat voor altijd immoreel gedrag?'.

"Hebzucht wordt vaak gezien als immoreel. Hoewel de veronderstelling dat hebzucht onethisch gedrag opwekt wijdverbreid is, is er verrassend weinig empirisch onderzoek dat deze relatie test."

Bron: Greedy Bastards, Testing the relationship between wanting more and unethical behavior. Lastig dus, 'immoreel' en daarbij 'hebzucht' in de ruime zin van het woord: 'pakken wie of wat je pakken kan', en da's dan niet alleen geld. Volgens de Dikke van Dale is Immoreel: 'strijdig met de goede zeden'. Da's een ruim begrip 'goede zeden' want wat voor de één 'goed' is, hoeft dat voor de ander niet te zijn. 'Wat is je referentiekader?' zeggen we dan, 'Wat heb je in je jeugd meegekregen?'. De één vindt het normaal om een persoonlijke greep in de bedrijfskas te doen, hebzucht, de ander haalt het niet in zijn/haar hoofd.

Vorige week kwamen er in ons land, opnieuw, enkele zaken aan het licht waarvan je jezelf, althans iig ik, kan afvragen 'waar is hier het morele handelen?' Moreel handelen, zowel van direct als indirect betrokkenen bij een diversiteit aan organisaties. De voorbeelden.

> "Het is jammer dat je al een vriend hebt en dat ik getrouwd ben, want anders had het nog iets tussen ons kunnen worden." 'Achteraf was het de voorbode van de donkerste periode uit mijn leven. Elke dag opnieuw maakte mijn hoogleraar weer een "onschuldige" seksuele toespeling. Bron: Seksueel wangedrag aan de Universiteit: 'De donkerste periode uit mijn leven'.

> Bij het Amersfoortse thuiszorgbedrijf PrivaZorg is veel meer zorggeld naar (oud)bestuurders gevloeid dan tot nu

> toe bekend was. Volgens een berekening van FTM en Trouw hebben de voormalige eigenaren, het echtpaar Verzijl-Vries, van 1996 tot en met 2013 minstens 14,2 miljoen euro uit het bedrijf gehaald. Notarissen en accountants, w.o. Grant Thornton, snellen daarbij te hulp. Bron: Eigenaren bedachten schimmige bedrijfsstructuur om miljoenen uit PrivaZorg te halen;

- ➢ Accountantskantoor KPMG heeft onderzoek gedaan naar frauduleuze declaraties van de Zeeuwse PVV-fractie. KPMG vond bewijs voor 816,75 euro aan "oneigenlijke inzet van publieke middelen", meldt Omroep Zeeland. De rekening die het kantoor hiervoor verzond: ruim 57.000 euro. Bron: 800 euro fraude bij PVV Zeeland, rekening onderzoek: ruim 57.000 euro.

Ik weet het: 3 totaal verschillende voorbeelden maar als we er nu de (vrij vertaalde) Verklaring van de Business Roundtable naast leggen, hoe voldoen de in de voorbeelden aangehaalde betrokkenen daar dan aan? "Elk van onze stakeholders is essentieel. We verbinden ons ertoe om hen allemaal waarde te bieden voor het toekomstige succes van onze bedrijven, onze gemeenschappen en ons land." Je kan nog vragen naar een definitie voor 'waarde bieden' maar, maar feitelijk voldoen de voorbeelden er niet aan; toch?

De Business Roundtable Verklaring over het Doel van een Onderneming belooft een commitment, "We commit to:

- ➢ Delivering value to our customers. We will further the tradition of American companies leading the way in meeting or exceeding customer expectations.
- ➢ Investing in our employees. This starts with compensating them fairly and providing important benefits. It also includes supporting them through training and education

> that help develop new skills for a rapidly changing world. We foster diversity and inclusion, dignity and respect.
> Dealing fairly and ethically with our suppliers. We are dedicated to serving as good partners to the other companies, large and small, that help us meet our missions.
> Supporting the communities in which we work. We respect the people in our communities and protect the environment by embracing sustainable practices across our businesses.
> Generating long-term value for shareholders, who provide the capital that allows companies to invest, grow and innovate. We are committed to transparency and effective engagement with shareholders."

Mooi, maar lazen we id. niet al véél eerder? Zoiets als: 'hoe wil je zelf worden behandeld?'

In een commentaar stelt Het FD 'Toch valt de waarde van de Verklaring niet te onderschatten. Het zetten van een handtekening is niet vrijblijvend. Voortaan kunnen de betrokken CEO's aan hun woorden gehouden worden." De vraag is dan door wie de CEO's die deze verklaring tekenden en nog gaan tekenen, zo gaan in ons land nu al stemmen op om een vergelijkbare verklaring op te stellen, aan hun woord worden gehouden? Mogelijk heeft v/m Business Roundtable voorzitter John Engler het antwoord

In het interview (YT) dat CNBC heeft met John Engler, stelt de interviewer in de 1e minuut: 'Maar uiteindelijk bepaalt toch de prijs van het aandeel of de CEO een bonus ontvangt en uiteindelijk nog een baan behoudt.' Engler ontkent dat niet maar stelt dat 'de boodschap aan de Millennials' hier van doorslaggevend belang is, 'millennial' als zowel medewerker, als klant, als investeerder. De millennials kunnen dus degenen zijn die deze CEO's op het niet nakomen van de verklaring aanspreken. Waarschijnlijker nog is voor mij dat dit de komende Generatie Z wordt, de generatie waarvan milieuactiviste Greta Thunberg een exponent is.

In hun commentaar op de Verklaring gaan Harvard prof's Claudine Gartenberg en George Serafeim nog een stapje verder: "In onze gegevens zien we dat bedrijven met een hoger doel c.q. maatschappelijke Missie 5% – 7% per jaar beter presteren dan reguliere bedrijven en dat dit resultaat gelijk is met bedrijven met best-in-class governance resp. veel innovatieve mogelijkheden. Ze groeien ook sneller en hebben een hogere winstgevendheid." Het goede doen en daarmee ook nog eens meer winstgevendheid behalen, dat kan natuurlijk ook maar zeg dat dan.

Gartenberg en Serafeim: "Het verband tussen doel en winstgevendheid is echter alleen aanwezig als het senior management erin geslaagd is dat gevoel van een hoger doel verder in de organisatie te verspreiden, met name in het middenmanagement, en in de hele organisatie strategische duidelijkheid te verschaffen over hoe dat hogere doel te bereiken." 'Practice what you preach, walk the talk': een organisatie-breed gedragen commitment aan het nieuwe doel, de nieuwe Missie. Een ondertekening door de CEO alleen, volstaat niet.

Tot slot: Engler vindt dat de boodschap over de Verklaring nu iig 'mooi is ge-timed': MVO resp. duurzaamheid 'leven' momenteel in de samenleving, 'hot issues'. 'Mooi ge-timed', dat dachten veel CEO's/bestuurders zéér waarschijnlijk ook op het moment dat zijn hun medewerkers enkele jaren terug een eed 'voor moreel gedrag' lieten afleggen. Je merkt mijn scepsis, het zal de leeftijd en de ervaring zijn. Maar vooruit, ik geef ook deze Verklaring opnieuw een kans.

Willem E.A.J. Scheepers, zowel in mijn docent- als in mijn adviesrol praktiseer ik het principe van 'confrontational inquiry'. Zo'n 'confrontatie' kan vooraf handig zijn voor je, mocht je nu ook overwegen e.d. Verklaring over het Doel van een Onderneming te gaan tekenen.

'Voorkeur voor een Vrouwelijke Kandidaat?!? We Werven en Selecteren toch op Capaciteiten!'

"Binnen de organisatie ben ik verantwoordelijk voor de inkoop van kapitaalgoederen. Ga ik nu met een mannelijke collega, een eindgebruiker bijv., naar een potentieel leverancier, dan zal in eerste instantie mijn mannelijke collega als die verantwoordelijke worden gezien.", "Als ik bij een vergadering de enige vrouw ben, dan word ik door de mannen genegeerd tot dat ik een opmerking plaats of een vraag stel.", "Wie wordt de eerste Nederlandse Jachtvliegster op de F-35?". Reactie: "Het zou fijn zijn als er op capaciteiten werd geselecteerd, en niet op geslacht, huidskleur, geaardheid, geloofsovertuiging of allerlei andere irrelevante criteria?"

Gisteren plaatste het Ministerie van Defensie op sociale media de oproep voor een jachtvliegster op de nieuwe JSF. Zou een reactie als het citaat hiervoor ook geplaatst zijn op het moment dat er om een jachtvlieger werd gevraagd? Ik betwijfel het. De beide hieraan voorafgaande citaten zijn afkomstig uit een dialoog die ik deze week (NB; 2019, niet 1943) had met mijn studenten, vrouwen en mannen, op het thema diversiteit. Aanleiding voor de dialoog was een artikel dat dit weekeinde verscheen in Het Financieele Dagblad 'Bedrijven waar vrouwen kunnen gedijen, winnen de strijd om talent'. Dit artikel plaatste ik vervolgens op LinkedIn. Met daarbij de opmerking:

"'Om te overleven (als organisatie maar wellicht ook als economie; ws) moeten we innoveren. Daarbij is diversiteit, in allerlei opzichten, onontbeerlijk. Om economische groei vast te houden, moeten we de talentenvijver helemaal ontsluiten.' (citaat uit het artikel)

Managen en Leiden Pre-Corona, over Leren (en Afleren).

Dat diversiteit bijdraagt aan innovatie en daarmee aan continuïteit, is al (veel) langer bekend. Maar het is (zeker) geen probleem dat de auteurs dit nog eens onder de aandacht te brengen.

De vraag is nu alleen nog of je organisatie over een beleid én over een cultuur beschikt die een gezonde voedingsbodem vormen voor diversiteit en gelijkheid....”

Eén van de reacties: “Dat hangt toch echt van het profiel van de betrokken vrouwen af. Ik heb in finserv waaronder bij ABN AMRO Bank N.V. een aantal vrouwen als leidinggevende gehad met hetzelfde traditionele profiel als sommige mannen. ‘vrouw zijn’ op zich zegt niets. Geen enkel bewijs voor.” ABN AMRO c.q. de financiële dienstverlening lijken hier v.w.b. de thema’s diversiteit en gelijkheid idd niet de meest aansprekende voorbeelden, signaleerde ik eerder bij de beursintroductie van ABN AMRO. En v.w.b. ‘vrouw zijn’: het is beter hier de termen feminien en masculien te hanteren.

“Brescoll’s team concluded that people find it easier to accept a poor decision when it’s made by a leader in gender-appropriate role. His areas of expertise are not interchangeable with hers, and leaders are more severely judged when they make mistakes in the other gender’s territory.” Juli 2016 citeerde ik hier YALE’s Victoria Brescoll die n.a.v. onderzoek in de Harvard Business Review het artikel We Are Way Harder on Female Leaders Who Make Bad Calls publiceerde. Als een man en een vrouw een vergelijkbare fout maken dan wordt de vrouw zwaarder bestraft: ontslag.

In tegenstelling tot de opmerking dat er ‘geen enkel bewijs zou zijn’, is er de laatste jaren meer dan voldoende onderzoek gedaan naar de (on)mogelijkheden van diversiteit op de werkvloer, en dan diversiteit in de ruimste zin van het woord dus: ‘geslacht, huidskleur, geaardheid, geloofsovertuiging en andere relevante criteria.’ Zie alleen al de 572 onderzoeken en publicaties op Harvard’s Working Knowledge. Vraag is alleen nog of de resultaten uit deze hoeveelheid aan onderzoeken ook evidence based zijn: op bewijslast gefundeerd?

In hun artikel Diversity Management Interventions and Organizational Performance concluderen Ellen Foster Curtis en Janice Dreachslin "The measurable effectiveness, per se, of specific diversity interventions that are undertaken to improve organisational performance has not been well-researched in the laboratory, classroom, or field". M.a.w. er is hier nog ruimte voor verder onderzoek. Maar dat geldt binnen de managementwetenschap op een groot scala aan thema's: zo denken we dat een business model altijd werkt, dat tevreden medewerkers bijdragen aan het resultaat, dat zelfsturing tot kostenbesparing leidt, de lay out van de webwinkel resulteert in meer verkopen etc. etc., maar zeker weten doen we het niet; zie CEBMA. Rob Briner, één van de mensen achter CEBMA en m.b.t. bewijslast (zéér) kritisch, stelt v.w.b. de moeizame manier waarop de thema's diversiteit, gelijkheid, inclusiviteit in organisaties worden geïntroduceerd, dat een (ook onbewust) vooroordeel hierop van invloed is.

Vanochtend bij het uitlaten van de hond zag ik een man en een vrouw bij een container met bouwafval staan. De volle container werd opgehaald. Op het moment dat de vrouw achter het stuur van de zware truck stapte, dacht ik 'idd, een vooroordeel'.

Op het thema #diversiteit verschenen hier door de jaren heen 168 entries, als vader van 3 jonge vrouwen ligt het thema mij dan ook 'na aan het hart' maar ik ervaar ook dat het 'werkt', diversiteit. (NB; volgens mijn dochters maak ik mezelf op dit thema drukker dan dat zij dat doen....). Zo kwamen in de entries o.m. voorbij diverse onderzoeken en publicaties, thema's als Lean In en HeForShe maar ook v.w.b. MeToo vroeg ik mezelf af of dit tot ingrijpende veranderingen op de Nederlandse werkvloer zou leiden? Ook dat betwijfel ik inmiddels.

Hoe bereid je je Organisatie voor op de Onvoorziene Gevolgen van een BREXIT?

Als je een uitkomst niet kan voorspellen, verspil dan geen tijd en middelen om dit proberen te doen. Bij het plannen van een reactie op de Brexit, of enige onzekerheid daaromtrent, is het verstandig om niet de ene uitkomst boven de andere te kiezen, harde of zachte exit, om daarmee de strategie en tactiek van je organisatie te dicteren. E.d. gok is niet verstandig.

Of iemand een optimist of pessimist is, is niet van belang voor de realiteit van zijn of haar situatie. Wat belangrijk is, en het enige dat met enige zekerheid kan worden voorspeld, dat zijn de (mogelijke) gevolgen van welke uitkomst dan ook: ben je op het onvoorziene voorbereid of ben je dat niet? D.i. vrij naar N.N. 'Zwarte Zwaan' Taleb.

Recent onderzoek van de Kamer van Koophandel laat zien dat "39% van de ondernemers die zaken doen met het VK niet voorbereid is op Brexit, 46% is enigszins voorbereid en maar 15% is goed voorbereid". Die 15% betreft over het algemeen de grotere ondernemingen c.q. organisaties met aanmerkelijke belangen in het Verenigd Koninkrijk. Zo mag je concluderen dat pensioenfondsen dergelijke belangen hebben in het financiële hart van het VK. Mocht de Brexit nu ongunstig lijken(!) uit te pakken, dan worden die belangen (naar verwachting miljarden) daar z.s.m. weggehaald. E.d. actie kan ingrijpende, ook economische, gevolgen hebben. Het is dan ook niet zo lastig te voorspellen dat Brexit op iedere organisatie van invloed zal zijn. Maar zeker weten doen we het niet want Brexit is een fenomeen dat zich nu voor het eerst voordoet. Overigens, over de ondernemingen die geen zaken doen met het VK en die van mening kunnen zijn dat deze onvoorziene gebeurtenis op hen geen invloed heeft: in het KvK onderzoek geen woord. Riskant.

Managen en Leiden Pre-Corona, over Leren (en Afleren).

Daarom: hoe bereid je jezelf voor op iets onverwachts zoals een Brexit?

Recent Noors onderzoek laat zien dat self-efficacy, vrij vertaald als 'zelfeffectiviteit', aan de basis ligt om succesvol te anticiperen op onvoorziene, onverwachte, zelfs unieke situaties. "Zelfeffectiviteit is het vertrouwen van een persoon in de eigen bekwaamheid om met succes invloed uit te oefenen op zijn of haar omgeving, bijvoorbeeld door een bepaalde taak te volbrengen of een probleem op te lossen. Zelfeffectiviteit wordt als een belangrijk element gezien van theorieën over motivatie." Zelfeffectiviteit als kerneigenschap van de mannen en vrouwen (NB; het onderzoek toont geen 'gender' verschillen aan) die hun organisatie door een onzekere situatie zoals de gevolgen van een Brexit leiden.

"Pedagogy for the Unforeseen, Collaboration under risk – a step ahead of the unforeseen" is de titel van resultaten uit uitgebreid onderzoek dat de Norwegian Research Group vorig jaar publiceerde. "Collaboration under risk – a step ahead of the unforeseen introduces new basic thinking regarding interaction to meet unforeseen events." Het onderzoek, beter nog: een scala aan onderliggende onderzoeken, betreft een overzicht van verschillende interacties die ondernomen kunnen worden om te acteren en reageren op onvoorziene gebeurtenissen. De 'rode draad' binnen het gehele onderzoek is het Noorse begrip samhandling. Net als voor self-efficacy is er voor samhandling geen letterlijke Nederlandse vertaling. De auteurs geven als definitie voor samhandling "interaction/collaboration/cooperation/join forces with" ofwel: interactie, samenwerking, coöpereren, krachten bundelen: altijd handig als je een onvoorziene situatie tegemoet treedt. Zie o.m. Game of Thrones.

Eén van de onderdelen van dit onderzoek is Competence for the Unforeseen – The Importance of Human, Social and Organizational Factors. Doel van dit onderzoek: "To examine self-assessment of preparedness for unforeseen events and how it varies between groups and individuals according to roles and functions within an organization". Onderzoekers Herberg, Torgersen, Rundmo concluderen: "Interaction was found to be the most important predictor of preparedness for the unforeseen. This study also shows that interaction combined with general self-efficacy and social support can account for a considerable proportion of the variance in preparedness for the unforeseen. The results indicate that it is possible to prepare for unforeseen events by implementing measures that improve social factors in particular."

Samhandling, dus en dat concept bestaat dan uit:

> Individuele factor: self-efficacy;
> Sociale factoren: ondersteuning (kunnen) bieden en ontvangen, de competentie om met uitdagende situaties om te kunnen gaan;
> Organisatie specifieke factoren: onderlinge (bij voorkeur natuurlijk positieve) interactie, in dit kader realistische training, gezamenlijk voorbereid zijn op c.q. rekening houden met het onvoorziene.

De Noorse onderzoekers die deelnamen aan 'Pedagogiek voor het Onvoorziene' concluderen: "Het onvoorziene beïnvloedt iedereen op de een of andere manier, in het verleden, in het hier en nu, en in de toekomst. Daarom is onze belangrijkste boodschap dat iedereen een relatie ontwikkelt met het onvoorziene en dat ieder probeert te voorkomen dat er gevaarlijke en ongewenste situaties ontstaan. Tegelijkertijd zien wij onvoorziene kansen voor leren en ontwikkelen dankzij de onvoorziene situaties die zich voordoen."

Brexit kan hier zo'n mooie 1e leerzame ervaring zijn.

Een Zo-Zo Technologie vervangt Medewerkers maar draagt nauwelijks bij aan Productiviteit.

Zelfrijdende auto's, thuisassistenten van APPLE en GOOGLE, slimme thermometers, handige bank apps, volledig gerobotiseerde productiehallen, zoekfuncties die juristen supersnel aan correcte wetteksten helpen, kassa-loze supermarkten, etc. etc. 'Zo, zo, verrassend.'

De technologische veranderingen in je leef- en werkomgeving nemen in rap tempo toe maar in je portemonnee merk je niets van al deze technologische ontwikkelingen. Deze ontwikkelingen staan dankzij Daron Acemoglu en Pascual Restrepo dan ook bekend als een "so-so technology: a strong labor-displacing technology, but it has very modest productivity value.". Nieuwe technologie vervangt (overigens niet alleen) kassamedewerkers maar of de efficiency voor en de ervaring van de supermarktklant daarmee verbetert? Twijfelachtig, zo is proletarisch winkelen nu onmogelijk gemaakt (sic.). Dat terwijl deze vervanging voor de winstgevendheid van AH een mooie stap is.

"Technologische vooruitgang leverde de afgelopen vier decennia productiviteitsgroei op. Maar productiviteitsgroei vertaalde zich niet in maatschappelijk breed gedeelde welvaart." concluderen onderzoekers in het zojuist verschenen rapport 'MIT's Task Force on the Work of the Future.'

De onderzoekers van het Massachusetts Institute of Technology vinden de verwachting dat kunstmatige intelligentie, machine leren, robotica op korte termijn grote aantallen banen zullen doen verdwijnen, overdreven. Wel constateren zij dat in de afgelopen decennia technologie heeft bijgedragen aan de polarisatie van de werkgelegenheid, onevenredig heeft dit hooggekwalificeerde professionals geholpen en tegelijkertijd de kansen voor veel andere werknemers verkleind. Nieuwe technologieën zouden deze trend kunnen verergeren en dat m.n. voor de zgn. middenklasse op de arbeidsmarkt.

De onderzoekers richten zich met het rapport op de arbeidsmarkt in de VS. De overeenkomsten met de Europese arbeidsmarkt zijn er echter in ruim voldoende mate: De problemen van trage productiviteitsgroei, steile beroepspolarisatie en stijgende loononglijkheid kan een gemeenschappelijke oorsprong hebben. Arbeidsaanvullende digitale innovaties. zoals sneller wetteksten kunnen vinden maar ook (veel) meer kunnen doen met je bancaire app, leiden tot een sterk geconcentreerde inkomens en werkgelegenheidsgroei bij de meest bekwame en hoog opgeleide werknemers. O.i.v. "zo-zo" arbeid vervangende digitale innovaties verschuiven niet-universitair geschoolde medewerkers uit de traditionele kantoor- en productiefuncties zonder aan hen een equivalent te leveren c.q. kansen elders te bieden. Denk hierbij o.m. aan de MBO opgeleide bankemployé die nu wordt vervangen door universitair geschoolde data-analisten. 'Wat te doen met een bankier?'.

Het primaire advies van de MIT onderzoekers richt zich m.n. op de continue opleiding en ontwikkeling van de beroepsbevolking. Met dit advies zijn zij (zeker) niet de eersten. Zo kwam eerder dit jaar het World Economic Forum met dit advies en heeft recent de Nederlandse Regering het aloude adagium van een leven lang leren vervangen door 'een Leven Lang Ontwikkelen'; (ook) mooi: maar hoe dan?

In het rapport lezen we als aanvullend advies: "In deze fase van ons onderzoek zien we vier brede gebieden, naast onderwijs en opleiding, waar openbare en particuliere actie van cruciaal belang kunnen zijn voor de vormgeving van de toekomst van werk:

▢   Herschikking van het fiscaal beleid, weg van subsidiëring van investeringen in fysiek kapitaal en dit vervangen door het katalyseren van investeringen in menselijk kapitaal;

⬜   Herstel van de rol van werknemers als belanghebbenden, naast eigenaren en aandeelhouders, in zakelijke besluitvorming;

> ➢ Bevordering van technologische en organisatorische innovatie ter aanvulling van werknemers; en
> ➢ Versterking van een leidende positie in technologie en innovatie."

De adviezen gaan op voor iedere beleidsmaker die het cruciale belang inziet van een gezonde arbeidsmarkt voor economische groei van het land én gelijkheid in welvaartsperspectief voor de burgers van dit land. "The economic history of the twentieth century demonstrates that a healthy labor market can serve as the foundation, if not the entire basis, for shared prosperity." De vraag is nu 'slechts': welk land c.q. welk continent start hiermee als eerste? Het voordeel van de voorsprong en dat naast 'practice (nu eindelijk eens) what you preach'.

Werkgevers meer kwijt aan Stress gerelateerd Verzuim dan aan Opleiding en Ontwikkeling van Medewerkers.

Stress-gerelateerd ziekteverzuim leidde in 2017 tot 11 miljoen verzuimdagen en kostte werkgevers in totaal € 2,8 miljard, dat is per werknemer omgerekend € 8.100 euro. Meldt TNO deze week. In dezelfde periode besteedde een werkgever, volgens het CBS, ca. € 1.100 per werknemer aan opleiding en ontwikkeling; vandaar de titel.

TNO hanteert als definitie: "Werkstress is stress die, voor een groot deel, veroorzaakt wordt door factoren op het werk.". TNO noemt als een belangrijke oorzaak 'digital detox'. "Bijna de helft (47%) van de werknemers is vaak of altijd buiten werktijd bereikbaar, 60% maakt (bijna) altijd gebruik van de PC of smartphone voor communicatie en 28% van de werknemers ervaart informatie-overload: zij krijgen zo veel informatie dat zij dat niet meer kunnen verwerken." 'Werkdruk' wordt door TNO ook als oorzaak aangevoerd voor werkstress, daarentegen mogelijke ander oorzaken als 'stijl van leidinggeven' c.q. 'organisatiecultuur', nauwelijks; (toch) opvallend.

"Management style remains the second most frequently cited cause of stress." meldt het Britse CIPD in hun (ook) recent gepubliceerde rapport Health and Well-Being at Work. Idd: de NL medewerker is niet uniek zodra het om stress gaat, alleen lijkt de aanleiding voor de stress een andere te zijn. Overigens, bij de Britten staat 'werkdruk' op No. 1.

Gezondheid en welzijn van je medewerkers, het zou 'normaal' behoren te zijn dat je daaraan aandacht besteedt, niet alleen omdat deze aandacht je organisatie veel geld kan besparen. Natuurlijk is er ARBO wetgeving, ontbreekt het niet aan 'goede bedoelingen' als procedures, MVO statuten e.d., zijn er daarentegen ook voorbeelden van organisaties die het thema 'Veiligheid' hoog op de agenda hebben staan, maar los daarvan begint Maatschappelijk Verantwoord Ondernemen m.i. op de werkvloer. 'Wat doen we er aan?' is dan de vraag.

TNO publiceert tegelijkertijd een 'white paper' m.b.t. dit werkstress fenomeen (NB; er is overigens ook kritiek op deze term), daarin wordt voorgesteld ter verbetering een 'integrale aanpak te ontwikkelen':

> ➢ Te starten met een 'probleemanalyse', dat lijkt me logisch;
> ➢ vervolgens een aanpak bepalen op basis van de 'complexiteitwetenschap': "De complexiteitswetenschap richt zich vooral op het begrijpen van de structuur en dynamiek van complexe systemen, dat wil zeggen van systemen die uit een relatief groot aantal factoren en actoren bestaan die interacteren op basis van veranderende regels.";
> ➢ daarna: "Om tot een goede probleemanalyse te komen is in elke situatie een aantal basale vragen cruciaal, zoals:

> Wat is de bron van de werkstress? En hoe kunnen deze oorzaken van stress weggenomen worden om zo de belasting te verlagen.", duidelijk;

- ➤ gevolgd door de 'veerkrachtaanpak': "Het versterken van de veerkracht, oftewel de weerbaarheid, is eveneens een belangrijk onderwerp. Hoe goed zijn de medewerkers, de teams of de organisatie als geheel, in het omgaan met stressvolle situaties? In welke mate zijn hulpbronnen aanwezig?";
- ➤ in het onderzoek richt TNO zich op diverse niveaus in de organisatie. Prima;
- ➤ uiteindelijk wordt e.e.a. gemeten en geanalyseerd en leidt dit voor de organisatie tot een Aanpak op Maat.

Mooi, maar echt praktisch om er nu direct en zelf mee aan de slag te kunnen gaan is dit nog niet. Daarom: wat stelt het CIPD voor? "Building and integrating a health and well-being strategy for the organisation that is contingent on its specific requirements is how employers can avoid the pitfall of developing a 'menu' of initiatives that are not joined up or closely linked to the needs of employees." Een Gezondheid en Welzijn Strategie analoog aan de organisatiestrategie met een Visie, een Missie, Strategische Doelstellingen e.d. Is (ook) 'iets voor te zeggen. Op hun website heeft CIPD verschillende bronnen hoe e.e.a. op te kunnen pakken.

Aanvullend merkt het CIPD nog op: "Werkgevers kunnen een reeks aan aspecten van een gezondheid- en welzijnsbeleid introduceren en ook een serieuze investering doen in de gezondheid van werknemers, maar als hun activiteit niet is geworteld in hoe mensen worden aangestuurd, samen met een ondersteunende en inclusieve organisatiecultuur en toegewijd leiderschap, zal dit geen echte impact hebben." Idd, noem het 'commitment' aan je strategie. Maar: kan het nog praktischer?

Momenteel werkt Investors in People International aan de introductie van een nieuw 'We Invest in Wellbeing' instrument ter vervanging van het bestaande 'Gezondheid en Welzijn' raamwerk. Kijken we dan nu toch nog naar 'Gezondheid en Welzijn', omdat aan de basis van dit raamwerk waarschijnlijk weinig structureel zal veranderen, dan begint dit idd ook met

> een Strategie gericht op Gezondheid en Welzijn van je medewerkers en je leidinggevenden;

Dan wordt dit gevolgd door:

> het beschikbaar stellen van (hulp)bronnen zoals informatie, procedures, richtlijnen, gedagscodes e.d. maar ook de manier waarop hierover informatie en communicatie plaatsvindt voor de uitvoering van de strategie;
> een beleid uitvoeren gericht op de gezondheid en het welzijn van de medewerkers, denk daarbij aan feedback geven, aan persoonlijke ondersteuning, aan een werk/leven balans, aan diversiteit, aan inclusiviteit;
> leidinggevenden zijn in staat c.q. worden in staat gesteld, om hun medewerkers hierbij te begeleiden, tegelijkertijd geven zij hierin het (goede) voorbeeld;
> de effectiviteit van zowel de specifieke strategie, de beschikbare informatie/materialen, als de kwaliteit van het leidinggeven in dit kader, wordt met regelmaat vastgesteld;
> erkenning en waardering wordt gegeven resp. uitgesproken aan de medewerkers die aandacht geven aan hun persoonlijke gezondheid en welzijn maar ook aan 'iets' als 'veilig werken';
> medewerkers worden betrokken bij initiatieven die organisatiebreed leiden tot een verbetering van aspecten gerelateerd aan gezondheid en welzijn;

> ➢ de doelstellingen die vooraf zijn bepaald in de G&W strategie worden met regelmaat bepaald en beoordeeld;
> ➢ vervolgens ontwikkelt, en verbetert, de organisatie zichzelf continue op een beleid gericht op gezond en welzijn.

Uiteindelijk kan dit resulteren niet alleen in een vermindering van de door TNO begrote € 8.100 kosten per medewerker, wat je vervolgens bespaart kun je investeren in je medewerkers, maar vooral in het percentage c.q. het aantal van je medewerkers dat zichzelf gezonder en prettiger vindt resp. voelt bij het functioneren binnen je organisatie. Noem dit 'verantwoordelijk werkgeverschap'. Het draagt bij aan 'duurzame inzetbaarheid' en wie weet trek je met een dergelijk actief uitgevoerd G&W beleid ook nog nieuw talent aan!

Ontken, Val Aan en keer de rol van Slachtoffer en Dader om: DARVO.

DARVO verwijst naar een reactie van daders op nalatig, frauduleus, zelfs ernstiger handelen waarop zij zijn betrapt. DARVO staat voor "Deny, Attack, and Reverse Victim and Offender" vrij vertaald: "Ontken, Val Aan en keer de rol van Slachtoffer en Dader om". De dader kan het gedrag ontkennen, het individu aanvallen en de rollen van slachtoffer en dader omkeren, zodat de dader de slachtofferrol op zich neemt en het ware slachtoffer – of de klokkenluider – verandert in een vermeende dader. Dit gebeurt bijvoorbeeld wanneer een feitelijk schuldige dader de houding van 'vals beschuldigd' aanneemt, de geloofwaardigheid van de beschuldiger aanvalt en deze beschuldiger ervan beschuldigt verantwoordelijk te zijn voor een valse beschuldiging (volg je het nog?): DARVO.

Feitelijk is er een 'rode draad' te herkennen in de affaires die hier, met enige regelmaat en dan m.n. met de tag 'cultuurverandering', voorbijkomen: – er is sprake van machtsmisbruik, – nauwelijks iemand durft dit gedrag aan de kaak te stellen, – er is in de organisatie dan ook geen ruimte voor communicatie, – personeelsdossiers zijn niet op orde, – vertrouwenspersonen hebben de titel maar niet de rol, – de eindverantwoordelijken lijken bij de confrontatie totaal verrast door deze affaire. Aan deze 'rode draad' voeg ik nu DARVO toe nadat ik in the New York Post het interview met Harvey Weinstein las getiteld: I deserve pat on back when it comes to women. (ook) Vrij vertaald: 'Ik verdien een schouderklopje als het om vrouwen gaat.' Nou ja.

DARVO is m.n. te herkennen in het gedrag van zedendelinquenten als Harvey Weinstein. Ter herinnering: Weinstein stond aan de basis van o.m. de hashtag #MeToo en de opkomst van een collectief als 'Times Up Now'. Maar, zoals ik hiervoor aanhaal, dit ontkennend en vervolgens beschuldigend gedrag naar anderen is niet alleen te vinden bij zedendelinquenten. Ook binnen organisaties zijn er die 'hun in handen in onschuld wassen' terwijl zij feitelijk de aanjager van de problemen zijn. Behalve zedendelinquent was Weinstein nog iets anders: lange tijd met zijn Weinstein Co. een machtige filmbaas met veel invloed. In reflectie op die 'rol' gedraagt Weinstein zichzelf nu ook op een 'DARVO-achtige manier'.

"I made more movies directed by women and about women than any filmmaker, and I'm talking about 30 years ago. I'm not talking about now when it's vogue. I did it first! I pioneered it!" schept Weinstein op tegen the New York Post. "I want this city to recognize who I was instead of what I've become." Vervolgens komt hij met voorbeelden waaruit zou blijken dat niet alleen vrouwen maar de gehele maatschappij dankbaar mogen zijn met iemand zoals hij. Een met Weinstein vergelijkbaar voorbeeld is Roger Ailes, v/m CEO van Fox News. In de drama serie The Loudest Voice zie je hoe Ailes door nagenoeg iedereen in zijn omgeving 'op een schild wordt gehesen', terwijl diezelfde personen op de hoogte zijn van het feit dat (ook) Ailes zijn macht misbruikt.

Inmiddels kan het begrip DARVO in een breder kader worden geplaatst en ook worden gevonden in situaties waarbinnen geen sprake is van seksueel misbruik, wel van machtsmisbruik. Prof. Jennifer J. Freyd beschrijft bij de daders, maar ook bij de omstanders (NB: in het geval van zowel Weinstein als Ailes werden 'omstanders' ook schuldig bevonden), twee veel voorkomende soorten ontkenning:

> ➤ Het gebeurde niet (het moment) of het gebeurt zelden (een bepaalde gebeurtenis);
> ➤ Het was niet schadelijk

'Put together they can take the form: "It didn't happen, but if it did, it wasn't that bad" or "It rarely happens, but when it does it isn't harmful."

'Een leider die op het schild wordt gehesen vormt het grootste gevaar voor het duurzaam voortbestaan van de organisatie.' stelt Marcel Pheiffer deze week in zijn Het FD opiniestuk 'In een 'speak up'-cultuur moet iedereen zich echt durven en kunnen uitspreken.' In ons land kennen we idd een scala aan 'op het schild gehesen' voorbeelden, waarmee het vervolgens ernstig misging en waarbinnen nauwelijks tegenspraak was. Deze voorbeelden variëren van VESTIA's Erik Staal (2012): geen Raad van Commissarissen, geen externe auditors en controllers hielden hem tegen, terwijl zij wisten, of behoorden te weten, 'van de hoed en de rand'. Tot meer recent: elkaar beminnende Officieren van Justitie (2019). Hun persoonlijk chauffeur zat er maar mooi mee opgezadeld, terwijl het tot deze week duurde voordat de hogere leiding maatregelen nam: ontslag.

Pheiffer: "Juist dit soort leiders hebben tegenspraak nodig. Je kunt ook zeggen dat zulke leiders over de houdbaarheidsdatum heen zijn." Idd, maar welke CEO, bestuurder, secretaris generaal krijgt deze maand een beoordelingsgesprek? Da's vaak alleen weggelegd voor 'de mindere goden' in de organisatie. Laat staan als 'de leider op het schild' vervolgens ook nog eens DARVO praktiseert: 'het lag niet aan mij, het lag aan hullie'.

VERANDEREN

Ik ben Kwijt welke Problemen we nu aan het Oplossen zijn…..

'Ik ben kwijt welke problemen we nu aan het oplossen zijn.' Een, voor mij, magistrale uitspraak van een medewerker die de draad is kwijtgeraakt tijdens een overdaad aan managementmeetings, heisessies, motivatiegesprekken, workshops, koerskaarten invullen, trainingen-in-wat-al-niet, etc., en dat allemaal om de cultuur van de organisatie veranderd te kunnen krijgen. Dit citaat c.q. deze ervaring, van een medewerker van het Ministerie van Justitie en Veiligheid, is niet uniek want welke organisatie bevindt zich momenteel niet in een 'cultuuromslag'? Hoeveel van jouw medewerkers vragen zich nu ook af wat je met deze omslag feitelijk aan het oplossen bent?

Mooi (sic.) dus, al die verander-activiteit, maar is het wel zo handig om m.n. de cultuur van je organisatie te veranderen? Vormt een cultuurverandering daadwerkelijk de basis om succesvol tot een gewenste/noodzakelijke organisatieverandering te kunnen komen? Bepaalt niet juist die unieke cultuur van je organisatie je bestaansrecht? Als je wetenschappelijk onderzoek volgt/zoekt naar succesvolle cultuurveranderingen, dan is dat verander-succes op z'n zachtst gezegd 'beroerd'.

"Organisatie strategie biedt een formele logica voor het realiseren van de doelstellingen van het bedrijf en organiseert de mensen er omheen. Organisatie cultuur 'vertaalt' voor hen deze doelstellingen o.i.v. waarden en overtuigingen en beïnvloedt de activiteiten in de organisatie door gedeelde aannames en groepsnormen." B. Groysberg c.s.

Managen en Leiden Pre-Corona, over Leren (en Afleren).

Vorige week verscheen in het AD een kritisch artikel over de 'cultuuromslag' bij het Ministerie van Justitie en Veiligheid n.a.v. een recent MTO. Conclusie van de redactie:

"Op het ministerie van Justitie en Veiligheid heerst soms zo'n sterke angstcultuur dat ambtenaren hun mond niet durven open te doen tegen hun baas. Sommigen durven zelfs ongewenst gedrag als seksisme niet te melden."

Het Ministerie van JenV bevindt zich al meerdere jaren in 'roerige omstandigheden', lijk na lijk valt uit de kast en geen Minister of Secretaris Generaal die hier écht grip op krijgt. Vandaar ook dat eind 2015 het veranderprogramma "JenV Verandert" werd geïntroduceerd. Aanleiding: "Werkwijze en werkcultuur vragen herijking". Doelstelling:

"JenV is een betrouwbare partner voor burger, bedrijf, bestuur en media, die resultaat levert in een veranderende samenleving".

Ook om de voortgang van het programma te meten werd november 2018 een medewerker tevredenheid onderzoek uitgevoerd waaraan 1.254 medewerkers/ambtenaren deelnamen. Er lijkt in 3 jaar tijd, in de ogen van de betrokkenen, nog nauwelijks iets constructiefs gerealiseerd. November 2018 liggen de 'Top 5 Verbeterpunten' volgens de Min. JenV medewerkers op de managementgebieden, met enkel van hun citaten:

Samenwerking (intern); citaat: "Ik zie dat verschillende afdelingen regelmatig met iets soortgelijks bezig zijn, zonder dat we dat van elkaar weten. Dat leidt tot het doen van dubbel werk en het niet meenemen van elkaars expertise."

Leiderschap; citaat: "Als het aankomt op duidelijke standpunten innemen, voor bepaalde moeilijke keuzes gaan staan, dan mis ik wel eens lef en daadkracht. Ook blijven leiders vaak uit de moeilijke gesprekken; feedback geven is een gevoelig punt"

Informatie resp. Communicatie; citaat: "Tussen afdelingen onderling wordt binnen het BD op de lagere niveaus nauwelijks gecommuniceerd. Veel wordt binnen de lijn gehouden en niet tussen afdelingen."

Werkdruk; citaat: "Structureel te weinig geschikte mensen voor het werk waardoor er ook weinig ruimte is voor innovatie. Te weinig vaste fte om kennis vast te houden en uit te breiden."

Resultaatgerichtheid; citaat: "Resultaatgerichtheid blijft hangen in vage termen, voor zover daarover iets wordt gezegd."

Deze verbeterpunten lijken niet uniek voor Min. JenV, zelfs niet voor de Overheid als geheel. Het lijken punten waarmee iedere medewerker iedere organisatie tot verbetering zou kunnen c.q. willen aanzetten. Onderzoek is hiervoor niet nodig, ga een gesprek aan met je medewerkers. Dan werk je daarmee direct aan het 3e verbeterpunt. Overigens, 'Cultuur en werkwijze' staat voor de medewerkers als verbeterpunt op de 6e plaats. Citaat: "Door hoge politieke druk zijn beleidsdirecties sterk incidentgericht. Dit brengt een cultuur mee waarin minder ruimte is voor perspectiefwisseling en open discussie, inhoudelijke weging, omdat de focus te sterk gericht is op beschermen eigen posities en behalen korte termijn-resultaten en het politiek afdekken (spinnen) van beleidskeuzes."

Dat je bij het aanpakken van dergelijke verbeterpunten vervolgens kiest voor het stempel 'Cultuuromslag! Onze cultuur is de oorzaak van al onze problemen: dus Omslag!', is te volgen maar niet te begrijpen.

April 2016 publiceerde Harvard Business Review het artikel 'Culture is not the Culprit'. Na onderzoek concludeerden prof. Jay W. Lorsch en Emily McTague dat cultuur (vaak) niet de dader is als het gaat om problemen in een organisatie. De problemen kennen over het algemeen andere oorzaken, oorzaken die verdacht veel lijken op de hiervoor aangehaalde 'Top 5 Verbeterpunten'. Wat door de medewerkers van Min. JenV wordt geconstateerd zijn manieren van werken/aansturen, die m.n. worden bepaald door procedures en richtlijnen, door de strategie. Dat leert ook de ervaring van de organisaties die werden benaderd door Lorsch en McTague. Conclusie: "Cultuur dien je te zien als een uitkomst, niet als een oorzaak en zeker niet als de oplossing."; zie: 'Belastingdienst: Cultuur is NIET de Dader!'.

"Strategy provides clarity and focus for collective action and decision making. It relies on plans and sets of choices to mobilize people and can often be enforced by both concrete rewards for achieving goals and consequences for failing to do so. Ideally, it also incorporates adaptive elements that can scan and analyze the external environment and sense when changes are required to maintain continuity and growth. Leadership goes hand-in-hand with strategy formation, and most leaders understand the fundamentals.

Culture, however, is a more elusive lever, because much of it is anchored in unspoken behaviors, mindsets, and social patterns." Bron: The Leaders' Guide to Corporate Culture. Boris Groysberg c.s. HBR.org.

De vraag is dan ook of je de (echte) cultuur van je organisatie überhaupt wil veranderen (NB: wat is er mis mee: 'ik ben, dus ik besta.'), want zo'n verandering heeft vergaande consequenties. "Tenzij managers bereid zijn tot persoonlijke veranderingen, zal de organisatiecultuur weerbarstig blijven.", constateerden ook Cameron & Quinn. (zie entry 'Belastingdienst').

Het Ministerie van Justitie en Veiligheid was er na het artikel in het AD snel bij om met een reactie te komen op het AD artikel met daarin de constatering dat de medewerkers/ambtenaren nog niet in alle gevallen de positieve effecten ervaren van verbetertrajecten zoals "JenV Verandert". Secretaris Generaal Siebe Riedstra:

"Dat zijn belangrijke signalen die ons helpen om scherp te blijven. Ook voor die geluiden is ruimte om over door te praten en oplossingen met elkaar te bedenken. Gelukkig laat het totaalbeeld van het medewerkersonderzoek een positieve trend zien, die we graag vasthouden. We gaan door op de ingezette weg!"

En da's nu juist de vraag: is het wel zo handig, en verstandig, om op 'de ingezette weg door te gaan'? Je bent nu al 3 jaar bezig met een 'cultuuromslag' en je medewerkers constateren nog steeds dat er 'ruimte is voor verbetering' van (zelfs) essentiële management(aandachts)gebieden als samenwerking, leiderschap, informatie en communicatie, werkdruk, resultaatgerichtheid.

Hoe lang heb/krijg je nog voor een 'cultuuromslag' terwijl 'de winkel openblijft' en de lijken zich lijken op te blijven stapelen? Sterker nog: Welke problemen ben je nu feitelijk aan het oplossen?

NB; Boris Groysberg met zijn team boden lezers van het hierdoor aangehaalde artikel 'the Leader's Guide to Corporate Culture' de mogelijkheid deel te nemen aan een op het artikel gebaseerd cultuuronderzoek. De resultaten zijn bekend, en luiden o.m.: 'Organisatieculturen in West-Europa en in Noord-en Zuid-Amerika neigen naar een hoog niveau van onafhankelijkheid; deze tendens manifesteerde zich echter op verschillende manieren. West-Europese en Noord-Amerikaanse bedrijven vertoonden een bijzonder sterke nadruk op resultaten, doelgerichtheid en prestatie. In Zuid-Amerika is er een neiging naar plezier, opwinding, en een meer luchtige werkomgeving.' Verhuizen?

Bron: How Corporate Cultures Differ Around the World.

Organisatiecultuur Veranderen, 3 Praktijk Cases: Klimaat, ProDemos, GM

Klimaat, een Trend.

Managen en Leiden Pre-Corona, over Leren (en Afleren).

De hoeveelheid haat die de jonge klimaatactiviste Greta Thunberg op sociale media over zich heen krijgt is verbijsterend. Dat zij in een toespraak dan ook van zich afbijt, helpt de 'zaak' niet direct maar is voor mij wel te billijken. Het is historisch gezien ook niet uniek deze 'actie – reactie' of hoe een maatschappij reageert op mannen, en vrouwen, met ideeën die ver af lijken te staan van de dagelijkse realiteit. Of het met deze ideeën nu ging over geloof c.q. filosofie dan wel over de implementatie van stoommachines en robotica op de werkvloer. Op z'n minst werden machinerieën vernield of de gemeenschap ging over tot moord en doodslag. Het waren en zijn ideeën die een toekomstbeeld schetsen waarvan jij je nu geen voorstelling kan, en wil, maken. Ideeën die afbreuk gaan doen aan het bestaan zoals je dat nu leidt: angst regeert en roept afweer op. Deze 'klimaat casus' wordt daarmee ook interessant zodra we het gaan hebben over de baas komt met een nieuw idee, totaal onverwacht. Dat leidt tot Weerstand! Wat nu te doen?

In zijn artikel How to Deal With Resistance to Change haalt o.m. 2 vormen van weerstand aan: technisch en sociaal.

Technische weerstand is de weerstand van de mens t.o.v. technologische ontwikkelingen. Zo vernielden in de 19e eeuw thuiswevende Luddites op grote schaal moderne textiel machinerieën in de hoop de onzekere toekomst tegen te kunnen houden.

Sociale weerstand is de weerstand tegen de verandering van de rol die je nu hebt in de samenleving: van een lokaal gewaardeerd wever kun je veranderen in een werkloze loser.

Gerelateerd aan het klimaat is het zoiets als:

Technisch: je kan vanaf nu niet meer in een vervuilende 787 naar Australië vliegen, 'vliegschaamte'. Een boot kan een redelijk alternatief zijn voor deze reis maar dat duurt 'ff' iets langer, ca. 1 1/2 maand;

Sociaal: je beseft je 'plots' dat je vanaf nu je in Australië wonende kleinkinderen niet meer in de armen kan sluiten! Besef dan dat er steeds meer/betere disruptieve technologieën beschikbaar komen, technologieën die je in 'virtual reality' het levensechte idee geven dat je de pasgeborene daadwerkelijk vasthoudt.

 Een breed gedeeld beeld binnen de organisatie is dat bij Pro Demos een familiegevoel heerst

"Mijn leidinggevende zorgt voor een cultuur op de afdeling waar het normaal is dat iedereen elkaar maar belachelijk mag maken wat betreft seksuele voorkeur, politieke gezindheid en geloof." Op 29 april 2019 meldde de NOS 'Misbruikschandaal bij Haags Huis voor de democratie ProDemos'. Een dag later werd door de Tweede Kamer de Commissie Joustra 'in het leven geroepen' met de opdracht een cultuuronderzoek binnen ProDemos uit te voeren.

Dat onderzoek levert interessante resultaten op. Zo zien we in het rapport een tijdschema getiteld 'de gebeurtenissen in volgelvlucht': Zomer 2018, bijna een jaar voordat NOS bericht over misbruik, deed een medewerker (al) melding van grensoverschrijdend gedrag. Daarna volgden vanuit de werkvloer meerdere signalen. Waar je verwacht dat MT, DT, RvB, RvT acteert c.q. reageert, in lijn met o.m. de door hen onderschreven Governance Code Cultuur die men hanteert, gebeurt dit niet dan wel veel te laat. Gevolg: cultuurverandering!

In Governance Code Cultuur lezen we o.m.:

"Principe 6: Het bestuur gaat zorgvuldig en verantwoord om met de mensen en de middelen van de organisatie.

Het bestuur handelt als goed werkgever: het schept de rand – voorwaarden voor een goede en veilige werkomgeving, betrekt hierbij de interne belanghebbenden en stelt een interne gedrags- of integriteitscode op. De Code Culturele Diversiteit en de Fair Practice Code kunnen hierbij behulpzaam zijn.

Het bestuur maakt het mogelijk dat medewerkers vermoedens van misstanden en onregelmatigheden zonder risico voor hun positie kunnen melden bij een vertrouwenspersoon of bij de voorzitter van de raad van toezicht als deze onregelmatigheden het bestuur of de raad van toezicht zelf betreffen."

Aan 'goede bedoelingen' geen gebrek; waar zagen we dat eerder? Dat leidde er vervolgens toe dat uit een MTO de conclusie werd getrokken dat er binnen de organisatie een 'familiegevoel' heerste. Dat dit 'familiegevoel' zou doorslaan naar misbruik van medewerkers had men 'pas' door toen het te laat was.

Nu staat ProDemos voor een, ingrijpende, cultuurverandering waarbij iedereen wordt betrokken. Opmerkelijk is opnieuw dat een volledige populatie het slachtoffer wordt van het handelen van een enkeling, maar dat terzijde. (NB: je zou hen juist dienen te belonen omdat zij zich wel confirmeerden aan gedragscodes e.d.).

Stappen die men nu kan nemen om de cultuur te veranderen/aan te passen: stel een eenduidige Visie, Missie, Kernwaarden op, event. aangevuld met gedragscode e.d. Voorbeeldgedrag van de leidinggevenden, informeren en communiceren: 'walk the talk', 'practice what you preach'. Luister naar medewerkers, acteer op dat wat zij je melden. Geef feedback, pak datgene wat c.q. degene die afwijkt op de gemaakte afspraken (hard) aan. Dit laatste is voor de populatie ook een vorm van meta-communicatie.

Organisatiecultuur veranderen? Van de kledingvoorschriften samen in 2 woorden: gepaste kleding.

"Wat ik me realiseerde, is dat je echt moet zorgen dat je managers in hun kracht zitten – want als zij niet goed kunnen omgaan met iets als 'gepaste kleding', welke andere beslissingen kunnen ze dan aan?

En ik realiseerde me dat mensen, als je veel overdreven voorschrijvend beleid en procedures hebt, ernaar zullen leven." 'Chairman of the GM Board of Directors' Mary T. Barra kreeg bij General Motors de eindverantwoordelijkheid op een moment dat de organisatie een zware periode achter zich had. 'GM is the US', het omgekeerde is ook waar.

N.a.v. enkele dodelijke incidenten merkte onderzoeker Anton R. Valukas op "Although everyone had a responsibility to fix the problem, no one took responsibility." Barra concludeerde dat GM in 'a red tape crisis' verzeild was geraakt: veel te veel procedures en richtlijnen. Info die niemand las! Een aansprekend (sic) voorbeeld was het 15 pagina's tellende doc. 'Kledingvoorschriften'. Barra beperkte dit tot 'passende kleding'. (NB: ieder weldenkend mens weet wat hij/zij aantrekt naar een bruiloft, een begrafenis, een brand; toch?).

Tot op het hoogste niveau leidde dit tot ophef. Waarbij Barra concludeerde dat als je als verantwoordelijke niet in staat bent 'gepaste kleding' toe te passen binnen je locatie, team, afdeling, lukt je dat dan wel met een 'multimillion-dollar budget'? Op z'n minst twijfelachtig.

Recent werd GM geconfronteerd met een 6 weken durende staking. De staking kost GM ruim $ 2 miljard. Barra weet tot een overeenkomst te komen met de vakbonden wat (toch) resulteert in de sluiting van 3 fabrieken. Zo krachtig, duidelijk, als Barra blijkt te zijn met de cultuurverandering in haar organisatie, is zij dat in haar onderhandeling.

Over Rotte Appels, Bedenkelijke Organisatieculturen en Lastige, soms zelfs Hitsige, Situaties…..

"Deze breed zichtbare en langdurige overschrijding van gedragsnormen van (onder meer) integriteit door twee leidinggevenden uit de topstructuur heeft schadelijke gevolgen gehad voor de gehele organisatie en haar medewerkers en voor het vertrouwen in de leiding van het OM." Vorige week publiceerde de Commissie Fokkens het Rapport van de Onderzoekscommissie Openbaar Ministerie. Aanleiding voor het onderzoek: "Het College van Procureurs-Generaal heeft begin juni 2018 besloten een commissie in te stellen om onderzoek te doen naar aanleiding van berichten in NRC Handelsblad van 16 en 23 mei 2018 over een relatie tussen de hoofdofficier van justitie van het parket Rotterdam (verder: Betrokkene 1) en de hoofdofficier van justitie van het Functioneel Parket (FP) (verder: Betrokkene 2). Betrokkene 1 was tot 1 mei 2014 procureur-generaal." Over samenwerking.

Net zoals eerdere rapporten n.a.v. affaires bij o.m. DSB, NZa, de financiële dienstverlening, Belastingdienst, levert ook het rapport Fokkens interessante info op over organisaties en organiseren, hier m.n. op de thema's integriteit en ethiek. Laat nu het rapport Fokkens tegelijkertijd verschijnen met het CIPD rapport "Rotten Apples, Bad Barrels and Sticky Situations: an evidence review of unethical workplace behaviour." 'Workplace ethics has been an increasing focus for businesses, policy makers and regulatory bodies in recent years.' Indeed it has....

Eerst maar eens wat het Openbaar Ministerie verstaat onder 'de Kernwaarde Integriteit': "Integriteit is de hoeksteen van legitiem overheidshandelen. Dat geldt nog sterker voor het OM. Een vervolging is een verwijt van het OM aan een burger dat deze de wet heeft overtreden. Wanneer nu op de integriteit van het OM zelf het nodige aan te merken zou zijn, komt vanzelf de geloofwaardigheid van de strafrechtelijke handhaving in het gedrang. En omdat een misstap van een enkele medewerker al het aanzien van de hele organisatie kan schaden, is het van groot belang dat OM'ers integer zijn." Bron: OM Gedragscode.

Mooi, zo'n kernwaarde toch concludeert Fokkens c.s. n.a.v. gesprekken met OM medewerkers: "Zo werd als bevinding daaruit aan de Commissie meegedeeld dat niet helder is wat acceptabel is binnen de organisatie. Dat betreft onder meer de wijze waarop mensen worden aangenomen en aangesteld, het wel niet een relatie mogen hebben, het wel of niet elkaar aanspreken en het hoe met elkaar in gesprek te gaan." Het OM zal de enige organisatie zijn waar een kernwaarde een papieren tijger is; toch?

Anders gezegd: als er kernwaarden zijn, als er zelfs een Gedragscode is binnen de organisatie, waarom zijn er dan toch nog mensen die er niet naar handelen? Maar ook: waarom worden zij er door anderen niet op aangesproken? Het OM is hierin niet uniek: eerder kenden we de Vestia affaire, Imtech, Amarantis, de Libor affaire, etc. etc., om nog maar te zwijgen over het scala aan beroepseden die vervolgens door betrokkenen als een Mea Culpa werden afgelegd (en inmiddels alweer zijn vergeten). Steeds was er binnen beroepsgroepen, binnen organisaties 'iets' aan de hand, niemand die reageerde, laat staan ingreep.....

Onderzoekers van het Britse Chartered Institute of Personnel and Development o.l.v. Ed Houghton, Head of Research and Thought Leadership, stelden zich dan ook de vraag: "With each scandal, similar debates ensue: how were poor decisions and unethical behaviour allowed to go unchecked, and can regulatory oversight and prosecution prevent similar situations from occurring again?

We can summarise these questions by focusing on three core factors:

> 'Rotten apples': to what extent is unethical behaviour the result of individual choices?
> 'Bad barrels': to what extent is it due to systemic, organisation or industry-wide problems, in particular organisational culture or ingrained norms of behaviour?
> 'Sticky situations': to what extent is it due to the difficult or compromising nature of decisions that people face?"

Voor het CIPD onderzoek geldt als definitie voor onethisch gedrag: "Iedere actie van een lid van de organisatie die algemeen aanvaarde morele normen schendt." Waarbij een belangrijke vorm van onethisch gedrag wordt aangeduid als 'contraproductief werkgedrag'. Volgens Commissie Fokkens was van 'contraproductief werkgedrag', en dat zelfs gedurende een periode van jaren, binnen het OM zeker sprake. V.w.b. 'contraproductief werkgedrag': in 2013 signaleerde Gallup dat 11% van je medewerkers 'actief niet betrokken is', 80% is 'gewoon' niet betrokken. Of een gebrek aan ethiek de oorzaak was, zo ver ging het onderzoek van Gallup niet. Maar dat deze percentages nu ook door het OM lijken te worden behaald, mag niet verwonderlijk zijn.

Er zijn meerdere factoren die een rol spelen bij onethisch gedrag, van persoonlijkheid tot sociale invloed. Over het algemeen suggereert eerder onderzoek dat sociale invloed, persoonlijkheidskenmerken, blootstelling aan de oneerlijkheid van anderen, (te) uitdagende doelen en tijdsdruk, de kans op onethisch gedrag verhogen. Daarentegen verminderen morele ervaringen de kans op onethisch gedrag.

Conclusie van de CIPD onderzoekers:

> ➢ Een eerste stap in het verbeteren en beschermen van ethisch gedrag op het werk is het onderkennen van het risico factoren en de bestaande cultuur in de eigen organisatie. Sommige organisaties zijn in het bijzonder risicovol v.w.b. onethisch gedrag.
> ➢ Factoren die het risico op onethisch gedrag verlagen, omvatten organisatorische culturen die de samenwerking bevorderen en de bredere belangen van belanghebbenden beschermen. Factoren die de nadruk leggen op principes en naleving van de overeengekomen rollen. Organisaties die ethische overtredingen consequent behandelen en ernstig bestraffen.

> ➢ Bijkomende factoren zijn onder meer medewerkers die met een grote verscheidenheid van taken werken, die enthousiast zijn over hun werk, die een hoog zelfbeeld hebben en een sterke cognitieve morele ontwikkeling.
> ➢ De rol die leiders spelen bij het bevorderen van ethisch gedrag is cruciaal. Leiders op alle niveaus dienen authentiek en consequent ethisch gedrag te vertonen én terdedigen en zich zelf bewust te blijven hoe eenvoudig zij kunnen bijdragen aan, of vervallen tot, een klimaat van onethisch gedrag.

Nog een laatste citaat uit het rapport Fokkens: "De topstructuur kenmerkt zich niet door diversiteit. In het kader van HRM- en loopbaanbeleid worden de leden uit de top voor een deel in een zo genoemde carrousel 'gerouleerd' en volgen zij elkaar over en weer op. Het College en de [Voorzitter] in het bijzonder neemt de verantwoordelijkheid voor deze beslissingen en de daartoe te zetten stappen. De beperkte diversiteit, het 'rouleren' en het benoemingenbeleid in de top worden beïnvloed door het feit dat er tot op heden weinig mogelijkheden bestaan tot uitstroom van deze sterk gespecialiseerde professionals uit de organisatie." Er lijkt binnen het OM op z'n minst werk op dit thema, op deze factor.

Houghton: "There is no silver bullet to eradicate unethical behaviour, but by better understanding what influences people's decision-making and behaviour, businesses can take evidence-based action to tackle it." Idd, onethisch gedrag: het zal niet zomaar, en zeker niet snel, verdwijnen, maar het zou op z'n minst al mooi zijn als er meer aandacht, meer besef voor is. (NB; in 2010 hoopte ik nog dat e.e.a. sneller zou gaan, zie YT; helaas...)

NB 1; 'De sfeer op mijn afdeling is goed, maar dat is als een eiland in de stormachtige oceaan.', de 'stormachtige oceaan' als metafoor voor sociaal onveilige situaties.

Managen en Leiden Pre-Corona, over Leren (en Afleren).

Werkplekken van universiteiten zijn vanaf vandaag het meest recente voorbeeld in een inmiddels bijna oneindige reeks van werkplekken waar medewerkers zich onveilig voelen. Dit blijkt uit onderzoek van FNV en VAWO: 'Werkomgeving universiteiten vaak sociaal onveilig'.

Wat het hier (extra) pijnlijk maakt d.i. dat het omgevingen betreft waar we de toekomst van ons land iets hopen bij te brengen. Dan is dit 'iets' mogelijk het slechtste voorbeeldgedrag dat je hen bij kan brengen: opnieuw wordt door de betrokkenen slecht leiderschap genoemd als voornaamste reden van een sociaal onveilige werkomgeving. 'Mijn leidinggevende schreeuwt en maakt je klein door aan capaciteiten te twijfelen.'

Vakbonden stellen maatregelen voor die gezamenlijk moeten leiden tot een cultuurverandering binnen de wetenschap. Mooi.

Wil je dat veranderproces nu versnellen, vervang dan de leiding. Uit wetenschappelijk(!) onderzoek blijkt dat dit in deze situaties het meest effectief is.

NB 2; In het artikel 'Bij hoogleraar B. moesten de vrouwen hakken dragen' geeft de NRC een leerzame cultuuranalyse over een ongewenste (sic) werksituatie bij de rechtenfaculteit van de UvA, en ja idd: #MeToo is nog lang niet voorbij; helaas. Wat te denken, om een ander voorbeeld aan te halen, deze week van de affaire(s) bij de KMA.

Bij de NOS reageert hoogleraar André Nollkaemper, die als decaan de algemene leiding heeft over de rechtenfaculteit van de UvA, met: "De universiteit heeft de taak haar medewerkers en studenten te beschermen. Dat is zo'n 15 jaar lang niet afdoende gebeurd", "Het grensoverschrijdende gedrag heeft kunnen gebeuren doordat normen geleidelijk zijn vervaagd.", "Toen ik voor het eerst het dossier van B. wilde inzien, was het helemaal leeg."

Managen en Leiden Pre-Corona, over Leren (en Afleren).

De oplossing die de decaan voorstel is opvallend genoeg (NB; je zou mogen verwachten dat een Universiteit meer kennis in huis heeft….) nauwelijks verrassend: meer vrouwen aannemen, meerdere hoogleraren verantwoordelijk te maken voor promoties, leiderschapstrainingen aanbieden en jaargesprekken voeren. Nollkaemper: "Al met al moet de cultuur bij de faculteit verbeteren. Dat zal niet in een nacht gebeurd zijn. Dat is een proces van de lange adem." ….

Op twitter reageerde ik met: "Idd, maar cultuurverandering in een organisatie kan snel(ler), alleen dien je daarvoor de leiding te vervangen."

Zie ook het LinkedIn artikel Resultaat één Week MeToo: KMA, UvA, Medisch Spectrum Twente.

NB 3; 07 juni Vandaag publiceert het Ministerie van JenV het 'Plan van Aanpak naar aanleiding van het Onderzoek van de Commissie Fokkens'. In het hiervoor aangehaalde LI artikel stel ik dat bij organisatieveranderingen als deze door iedere getroffen organisatie, een 'standaardprotocol' wordt gevolgd nl.:

> iedereen op training;
> dossiers worden aangelegd;
> nieuwe gedragscode;

sommigen gaan zelfs zo ver dat medewerkers, en leidinggevenden, een eed mogen afleggen….

Dat advies lijkt hier nu te worden opgevolgd. Voor de 'eed' kan men dan terecht bij een, je raadt het al, 'Commissie ingesteld om de beoogde Plan van Aanpak in goede banen te kunnen leiden'.

Persoonlijk denk ik dan: voor deze 'oplossingen' had je geen onderzoek dienen te (laten) uitvoeren. Ingrijpende maatregelen, m.n. v.w.b. verantwoordelijk leiderschap, lijken niet te worden genomen. De kans is dan ook reëel dat we over enige tijd ook hier

Managen en Leiden Pre-Corona, over Leren (en Afleren).

weer een 'herhaling van zetten' zullen zien…. 'Later meer hierover',
zeg ik dan.

NB 4; 15 december meldt de NOS: Openbaar Ministerie ontslaat
twee voormalig hoofdofficieren om verzwegen relatie: 'Twee
voormalig hoofdofficieren van justitie zijn ontslagen. Het gaat om
de oud-hoofdofficier van het parket Rotterdam, Marc van
Nimwegen, en oud-hoofdofficier van het functioneel parket,
Marianne Bloos. De twee hadden sinds 2011 in het geheim een
liefdesrelatie.'

Blindelings Jagen op Talent, Leidt tot Ongelukken!

Voor De Nederlandse Bank is het momenteel 'een constante
zoektocht naar talent', sterker nog: DNB jaagt (zelfs) op IT-talent.
'Algemene Vereniging Schoolleiders (AVS) en CNV Schoolleiders
waarschuwen dat er behalve een lerarentekort ook een groeiend
tekort aan schoolleiders is.', meldt de NOS. Tegelijkertijd stelt Het
FD: Werknemers zorginstelling Evean staken. Reden voor deze
zorgmedewerkers om te staken: 'Ze ervaren de werkdruk als hoog,
als gevolg van een nijpend personeelstekort.'. Niet alleen voor DNB
c.s., het is nu voor iedere werkgever 'een constante zoektocht naar,
zelfs jacht op, talent', een jagersfestijn waarbij het verband met de
organisatie strategie totaal uit het (jacht)beeld blijkt te zijn
verdwenen.

Het meest aansprekende voorbeeld hiervan is de Belastingdienst. In
minder dan anderhalf jaar dient de Belastingdienst nu 4.200 nieuwe
werknemers te werven, daarom kiest men voor een megasnelle
sollicitatieprocedure: Binnen drie uur een nieuwe baan. Het was
deze zelfde werkgever die medio 2016 ca. 5.500 'overtollige'
werknemers liet vertrekken; hoezo Strategisch HRM? Hoezo een
verband tussen beide acties, wegsturen en vervolgens opnieuw
werven, met de organisatie strategie, anders dan druk van de

Managen en Leiden Pre-Corona, over Leren (en Afleren).

Tweede Kamer om de Belastingdienst nu eindelijk eens op orde te krijgen! Dat gaat nog even duren.

Net zoals het nog 'even' gaat duren voordat je al dat nieuwe talent op een optimale manier hebt geïntroduceerd in je eigen organisatie.

De kans is, overigens, groot dat de Belastingdienst bij de huidige werving en selectieprocedure gebruik maakt van kunstmatige intelligentie (NB; hoe lukt je anders een succesvolle sollicitatieprocedure binnen 3u…). 'Mooi', zou je denken, toch zit er daaraan een risico nl. het risico van 'garbage in, garbage out': selecteerde je voorheen specifiek opgeleide, m.n. jonge en blanke, mannen, dan is de kans (zeer) groot dat je die nu weer aanneemt; hoezo (culturele) 'diversiteit'?

Er is niets mis met de inzet van kunstmatige intelligentie, machine leren e.d. in werk-gerelateerde processen (hoezo ben ik er anders een voorstander van?!), maar in deze specifieke situatie bestaat er het risico van 'the best athlete approach'.

"The best athlete approach—that is, hiring the most talented person available—may lead to optimal selection under certain, limited local conditions. The information needed to make a hiring decision under a best athlete approach is related to the potential employee's demonstrated ability, skills, and historical track record of performance, thereby ideally limiting the scope for a

hiring manager's idiosyncratic preferences to come into play." Bron: (When) Is Hiring Strategic? Human Capital Acquisition in the Age of Algorithms; Daniel W. Elfenbein en Adina Sterling

The best athlete approach minimaliseert het risico op vooroordelen bij de selectiecommissie; (ook) mooi. Maar daarnaast merken de auteurs van dit artikel nog iets op: "Yet there is little that is strategic about this decision in the sense that a manager (or an algorithm) with only limited or local knowledge of the firm's capabilities, policies, or competitive context has sufficient information to select the desired candidate under this approach. As we discuss, factors that make hiring more strategic create challenges for the best athlete approach to hiring."

Je mag nu dan, wellicht, de op de arbeidsmarkt best beschikbare kandidaat aannemen, de vraag is toch of dit ook de meest gewenste c.q. geschikte kandidaat is? 'Gewenst' resp. 'geschikt' als passend bij de doelstellingen in de organisatiestrategie. Om nu tot een werving en selectieproces te komen dat aansluit bij de organisatiestrategie, een proces dat strategisch is i.p.v. steeds opnieuw 'eenmalig', halen de auteurs 4 mechanismen uit de bestaande management theorie. "Four mechanisms that make a process more strategic versus routine and consequently renders one-off decisions by unitary organizational actors, executive recruiting firms, or one-sizefits-all optimizing algorithms ineffective."

Irreversibility is a central feature of strategic decisions. Irreversibility fosters commitment among stakeholders, irrevocably changes the choices available to competitors, and introduces path dependence by narrowing some set of options while unlocking others;

The extent to which activities in an organization reflect interdependencies and generate payoffs that are contingent on fit, alignment, or complementarities among one another and with the firm's organizational design choices;

If the value of different alternatives depends on competitors' responses, then organizational decision makers must put themselves in the shoes of these competitors, forecast how they will react to each alternative, and do so over many possible future iterations;

When the capacity of an organization to evaluate and exploit new opportunities resides in networks or routines, past experience (and personnel) will impact the effectiveness of present-day search, generating a learning-based path dependency. Under these conditions, conscious decisions by managers about the direction of search (whether local or distant) and the structure of processes designed to generate feedback and learning become critical strategic levers for performance.

Vlot vertaald:

> - (ook) je strategie op werving en selectie is onomkeerbaar (NB; niet steeds variërend, zoals bij de Belastingdienst; bijv.);
> - activiteiten in je organisatie kennen onderlinge afhankelijkheden, zo opereert een nieuwe belastingambtenaar niet alleen binnen zijn eigen kamer;
> - je concurrent op de arbeidsmarkt kennen, en dat zijn er momenteel veel, kan er aan bijdragen dat je je organisatie, als preferred employer bijv., van hen weet te onderscheiden;
> - feedback (kunnen) ontvangen en leren van je processen, handelingen e.d., worden essentiële strategische hefbomen om de prestaties van je organisatie te verbeteren, en dat niet alleen binnen het werving en selectieproces.

Je jaagt momenteel omdat het moet, de nood is hoog. Planning, strategie, risico's inschatten, was beter geweest maar daarvoor lijkt het nu te laat. Lukt je dat vandaag en morgen niet meer, een strategische aanpak v.w.b. werving en selectie, plan dan iig strategisch de manier waarop je kunstmatige intelligentie resp. machine leren gaat inzetten in je processen want besef: 'garbage in is garbage out'…..

Is het Onethisch dat ik mijn Werkgever Niet Vertel dat ik mijn Werk Vereenvoudig?

"Momenteel werk ik aan een echt oud systeem en hoewel ik als programmeur was aangenomen, is mijn werk vrijwel gereduceerd tot het invoeren van gegevens. Zoals je kan raden, is het zo'n beetje de saaiste baan ooit. Het is echter een fulltime baan met een fatsoenlijk loon en ik werk regelmatig thuis zodat ik ook bij onze peuter kan zijn. Dus ik doe dit nu ongeveer anderhalf jaar en in die tijd heb ik alle valkuilen in het systeem zo ver weten te traceren dat ik uiteindelijk een programma heb geschreven dat de afgelopen zes maanden gewoon het hele proces deed voor me. Wat vroeger voor mijn voorganger een maand duurde, kost mij nu misschien nog 10 minuten.

Nu geniet ik echt van de vrije tijd, maar zou het onethisch zijn om door te gaan met dit 'werk' zonder iets te zeggen? Het is niet alsof ik mijn werkgever bedrieg. Mijn werkgever heeft nooit aangegeven dat ze niet tevreden zijn met mijn prestaties en in feite krijgen zij precies wat ze willen van mij." Bron: Workplace.com.

Medewerkers zijn positiever over de toekomst van werk dan dat hun leidinggevenden dat zijn, signaleert Harvard prof. Joseph Fuller na recent onderzoek. Samen met zijn team concludeert hij:

Medewerkers blijken, anders dan hun leidinggevenden, een helder beeld te hebben van disruptieve ontwikkelingen, zoals robotica, kunstmatige intelligentie, machine leren, waarmee hun organisaties te maken krijgen en die elk van invloed zullen zijn op hoe bedrijven gaan opereren.

Medewerkers lijken meer adaptief en optimistisch te zijn over de toekomst van hun werk dan hun leidinggevenden dat in hen herkennen of dat denken te herkennen.

Beide conclusies vormen een mooie basis om het werk dat je is toegewezen vervolgens te kunnen vereenvoudigen. M.a.w.: de jeugd heeft de toekomst, maar hebben hun werkgevers dat ook?

Eind 2015 concludeerde de Wetenschappelijk Raad voor het Regeringsbeleid dat het met de invloed van robot c.s. op de arbeidsmarkt beste mee valt. Dat lijkt in 2019 nog steeds het geval te zijn. Besluiten over de implementatie van kunstmatige intelligentie, machine leren, robotica, worden top-down genomen. Over het algemeen is 'de top' hierin, dus, terughoudend (NB; wat is de meest recente app die zij op hun pda hebben gedownload én gebruiken?). Terwijl de dreiging van automatisering op werk zich afspeelt in de media, hebben sommige medewerkers dan ook het heft in eigen handen genomen en zijn zij begonnen met het automatiseren c.q. vereenvoudigen van verschillende aspecten van hun werk, van gegevensinvoer tot voorraadbeheer en databasebeheer. Je hebt het misschien niet in de gaten, als hun leidinggevende, maar veel van je m.n. jongere medewerkers hebben het werk al vereenvoudigd, of: zij zijn daar (zeker) toe in staat!

Het feit dat een jong, zojuist aangesteld, talent al redelijk snel in de gaten krijgt dat het werk dat hij/zij mag doen ook anders kan, is niet nieuw. Het is iets van alle tijden: lang niet iedereen was/is een talent als Michelangelo, Leonardo da Vinci, Rembrandt van Rijn, talenten die al snel signaleerden: 'het kan ook anders'. Ook veel andere, 'gewone' talenten hadden en hebben snel in de gaten dat 'het' anders kan. Zo herinner ik me dat ik begon aan mijn carrière en op de eerste dag door mijn leidinggevende aan in-het-vak-meer-ervaren collega's werd overgedragen. Binnen enkele weken had ik in de gaten dat mijn collega's nog lang niet alle mogelijkheden kenden van de systemen waarmee de organisatie sinds kort werkte, systemen waarmee ik was opgeleid. Kortom: 'Dat kan dus anders!'.

De vraag kan dan idd bij je opkomen: "Is het onethisch dat ik mijn werkgever niet vertel dat ik mijn baan vereenvoudig?". Wat ik me herinner d.i. dat ik mijn verbeteringsvoorstel inbracht in een werkoverleg maar dat het voorstel door mij collega's al direct werd geparkeerd met de opmerking 'Zo ver zijn wij hier nog niet.'. Het heeft idd nog 'even' geduurd voordat zij zo ver waren, intussen ging ik verder met mijn carrière. Da's ook niet uniek: menig idee voor een 'start up' ontstaat op de werkvloer van een organisatie die tegen talent-met-een-idee opmerkt: 'Zo ver zijn wij hier nog niet.' En talent dat nog niet beschikt over een uniek idee maar dat toch tijd over heeft, meldt zich aan op een platform als Upwork.com.

De eerste oplossing waar ik hier aan denk d.i. het inwerken van het talent dat binnenkomt. Een goed inwerkprogramma is een dialoog die gedurende langere tijd plaatsvindt. Organisatie en talent leren van elkaar. NB; inwerken is sowieso cruciaal, doe je dat niet of onvoldoende dan is dat de eerste aanzet tot mislukking.

Het tweede oplossing is generatiemanagement ofwel een leeftijd bewust personeelsbeleid. Eenvoudig gezegd: je informeert en communiceert met de verschillende generaties op een (totaal) andere manier.

Zo was als 'jong talent' mijn spanningsboog tijdens een werkoverleg al redelijk snel ontspannen. Het werkoverleg bleek eerder een ritueel dat niet mocht worden verstoord, i.p.v. een moment waarop ideeën en inspiratie werd gedeeld. Een moment met een begin en een einde dat niet al lang van te voren vastlag, een moment met een duidelijke actielijst waaraan ieder zich committeerde: helaas...

Ook in 2019 ben je in een overleg, of je dat nu dagelijks resp. wekelijks c.q. zittend of staand doet en welke naam dat je er ook aan hangt, jong talent al redelijk snel 'kwijt'. Kijken zij niet op hun pda, of door het raam naar buiten, dan zijn zij met hun gedachten ver van je vandaan: helaas... Ze krijgen niets 'binnen'. Terwijl je met de oudere generatie (soms lijkt het me dat de leeftijdgrens hiervoor

40 jr is) nog het reguliere en rituele overleg hebt (laat hen gaan zitten), informeer en communiceer je met de jongeren via apps als Whats App, Instagram, Snapchat, e.d. Voor de gevorderden onder ons zijn er nog (veel) meer handige tools variërend van Google Assistant via X.ai of Clara tot Gridspace Sift of Geekbot. Laat de jongeren (en ieder ander die dat wil) m.b.v. toepassingen zoals deze de gesprekken met je opnemen, of neem ze zelf op en deel de opnames met hen.

Kom, als leidinggevende, uit je comfort zone. Of stel je zelf de vraag: "Is het onethisch dat ik mijn medewerkers niet vertel dat ik hun werk kan vereenvoudigen?"

Rijd Gratis een Tesla en vergeet de Showroom.

Nu weet ik niet of de meest recente zet van TESLA's Elon Musk toch een handige is, zeker voor de Nederlandse markt, maar vooruit: "Letterlijk, je zou een TESLA kunnen kopen, honderden kilometers kunnen rijden voor een weekendje weg met vrienden en die dan gratis kunnen retourneren." Lezen we in het persbericht dat deze week verscheen n.a.v. de introductie van een goedkope(re) TESLA Model 3 "$35,000 Tesla Model 3 Available Now". Bevalt de auto je niet dan mag je je nieuwe TESLA binnen 7 dagen na levering resp. binnen 1.000 afgelegde kilometers weer inleveren en je ontvangt direct je aankoopsom terug. Menig Nederlander holt nu naar de showroom voor een gratis weekendje weg! Hadden we eerst het gratis dragen van schoenen van ZALANDO en de gratis dragen van lingerie van BOL.com, nu is er het gratis rijden van een TESLA! Het kan niet op, deze nieuwe economie.

Vergeet het maar, dat hollen naar de showroom, want Musk c.s. delen in datzelfde bericht mee dat nieuwe TESLA's voortaan uitsluitend nog kunnen worden besteld m.b.v. je smart phone. De showroom heeft z'n langste tijd gehad!

Deze laatste mededeling is nog het meest interessant aan het persbericht. Niet de prijsverlaging van ieder model die onmiddellijk ingaat, waarover veel klanten die vorige maand hun nieuwe auto geleverd kregen, op sociale media 'over de rooie zijn'. Ook niet het bericht dat TESLA je de mogelijkheid biedt je nieuwe auto binnen 7 dagen te retourneren. Nee de mededeling dat de auto showroom z'n langste tijd heeft gehad, d.i. een disruptie. Wat te denken van c.q. te doen met de glimmende panden aan de auto boulevards? Wat te denken van de jonge mannen en vrouwen die nu worden opgeleid tot autoverkoper? Wie investeert er nu nog in de overname van een dealer-schap?

Het is zoiets als dat wat Yuval N. Harari zich afvraagt in zijn boek Homo Deus n.a.v. de disruptie binnen ze gezondheidszorg: Waarom zou je nog artsen opleiden als kunstmatige intelligentie binnen afzienbare tijd betere diagnoses stelt? Waarom zou je nog naar je huisarts gaan? En wat te denken van je smart koelkast zodra die gaat communiceren met een supermarkt die zich inmiddels 'in the cloud' bevindt.

TESLA: "To achieve these prices while remaining financially sustainable, Tesla is shifting sales worldwide to online only. You can now buy a Tesla in North America via your phone in about 1 minute, and that capability will soon be extended worldwide." De autoproducent komt met de verlaging van de prijzen een belofte na. Aan de andere kant ligt deze producent 'onder het vergrootglas' van de financiële markten. De disruptie van de autobranche, m.b.v. het sluiten van showrooms, het bieden van extreem gunstige (want de ingeleverde TESLA is nu '2e hands' c.q. verdient een totale make over) retour acceptatie en het uitsluitend accepteren van online bestellingen, lijkt dan ook niet geheel vrijwillig.

Als het aanslaat, het bestellen van je auto online (NB; deze week las ik op twitter dat een 70-jarige Amerikaan voor het eerst in zijn leven een auto, een TESLA X, bestelde via zijn smart phone), dan kun je niet uitsluiten dat je andere kapitaalintensieve bestedingen als keukens en badkamers binnen afzienbare tijd ook bestelt m.b.v. je virtual reality bril. Dat bespaart iig het opnemen van vrije dagen voor je bezoek aan de showroom. En je weet: als het ook/zelfs een baby boomer lukt om hiervoor de smart phone te hanteren…. Het is alleen ff wennen, zoals bijv. de handige vertaal app op je smart phone als je in Lissabon communiceert met een ober, leert mijn ervaring.

De honden in de YT lijken iig heel tevreden over de dog mode, wat de kans dat je deze auto terugbrengt alweer een stuk kleiner maakt (NB: nu maar hopen dat de politie je raam niet intikt; ook voor hen is dit een disruptie). Of zoals TESLA opmerkt er alle vertrouwen in te hebben dat maar een zeer beperkt aantal klanten hun nieuwe model binnen de gestelde voorwaarden zal retourneren: "With the highest consumer satisfaction score of any car on the road, we are confident you will want to keep your Tesla." Maar ja, dan kent Musk natuurlijk de (huidige) Nederlandse mentaliteit nog niet.

NB; 'Update on Tesla Stores and Pricing': TESLA heeft vooralsnog besloten om toch maar enkele showrooms open te houden, deze disruptie ging hen blijkbaar toch iets te snel. Dit open houden van, overigens minder, showrooms heeft wel gevolgen voor de klant: de prijzen worden met 3% verhoogd.

"In andere woorden: we zullen slechts half zo veel winkels sluiten en de kostenbesparingen zijn daarom ook maar half zo groot."

Over Derivaten, over Acht flessen Dom Perignon-champagne en Drie flessen wodka, over Witte Boorden Criminaliteit.

"Flessen champagne, een bezoek aan een exclusieve nachtclub en een lunch van £500. Het is een greep uit de lijst van traktaties van Deutsche Bank aan medewerkers van woningcorporatie Vestia." Momenteel loopt in London de rechtszaak aangespannen door Vestia tegen Deutsche Bank. Het dagelijks verslag dat Het

Financieele Dagblad daarvan doet levert interessante info op bijv. een antwoord op de vraag 'wat zijn de gevolgen van witte boorden criminaliteit?'.

Ter herinnering: de Vestia-affaire (volg de link voor een synopsis) betreft de sociale woningcorporatie Vestia die in 2012 fors in de problemen kwam, bijna faillissement, omdat men risicovol handelde in rentederivaten. Op dat moment stond het verlies daarop op € 2 miljard. Meerdere betrokkenen, niet alleen Deutsche Bank maar ook andere banken, tussenpersonen en verantwoordelijken binnen Vestia hadden vooraf hun zakken ruimschoots, iedere betrokkene meerdere miljoenen, gevuld. Dit kun je classificeren als: 'witte boorden criminaliteit ofwel fraude, verduistering, omkoping en het witwassen van geld toegepast door m.n. mannen op verantwoordelijke posities'. Bron van dit citaat: White-Collar Crime, een serie artikelen die verschijnt in de nieuwste Harvard Business Review.

Naast het feit dat een organisatie, niet alleen Vestia, die wordt geconfronteerd met witte boorden criminaliteit, wordt opgezadeld met het terugvorderden van geld dat de witte boorden criminelen ongeoorloofd aan de organisatie hebben onttrokken (zo vordert Vestia van Deutsche Bank € 840 miljoen), wordt het nieuwe bestuur ook geconfronteerd met andere bedrijfskosten zoals de tijd en energie die het bestuur dient te besteden aan het opruimen van 'de rommel' en het opnieuw onderhandelen met stakeholders, niet alleen met de criminelen, in plaats van het zich kunnen richten op nieuwe bedrijfsmogelijkheden; de reputatieschade; de impact op verkoop, winst en continuïteit; afname van medewerkersbetrokkenheid en productiviteit; en een toename van het personeelsverloop. Ga er als nieuw bestuur, als opvolgers maar aan staan.

"De hoofdoorzaak van witte boorden criminaliteit is niet ineffectieve regelgeving en toezicht. Het is zwak leiderschap en een gebrekkige bedrijfscultuur." Constateren Paul Healy en George Serafeim in de bijdrage How to Scandal-Proof Your Company. Kijk je naar het Vestia dossier dan is dat hier idd het geval: zwak leiderschap (wat op het eerste oog nauwelijks iemand in de gaten leek te hebben) en een gebrekkige bedrijfscultuur (zo bleek het elkaar aanspreken op laakbaar gedrag, of dat nu diende te gebeuren door in- dan wel externe toezichthouders, een utopie).

Het kan goed gaan met je organisatie, maar het kan ook niet goed gaan. Dat het niet goed gaat heeft 4 oorzaken:

> pech;
> mismanagement;
> onbehoorlijk bestuur;
> fraude c.q. witte boorden criminaliteit.

Omdat het onderscheid tussen deze 4 oorzaken van falen flinterdun kan zijn, kun je maar beter direct duidelijk zijn over de definitie die je geeft aan 'fraude'. De Vestia affaire schaar ik hieronder, maar ook de Imtech-affaire. Zelfs voor de recent aangedragen 'Kern Gezond' affaire bij de Kamer van Koophandel, zijn er nu al signalen dat uiteindelijk fraude kan worden geconstateerd; althans: binnen mijn definitie.

"Topmanagement bij de meeste bedrijven die te maken kregen met witte boorden criminaliteit, zagen laakbaar gedrag als incidenten, niet als hun persoonlijke verantwoordelijkheid om aan te pakken of als bewijs dat er iets fundamenteel mis was in hun organisaties. Integendeel, die leiders zagen dit als buitengewoon zeldzame gebeurtenissen veroorzaakt door "een paar rotte appels" en benadrukten dat ze niet voorkomen hadden kunnen worden." Kijk nog eens terug naar de gesprekken die de parlementaire enquêtecommissie woningcorporaties in 2014 had met v/m Vestia bestuurder Erik Staal.

Managen en Leiden Pre-Corona, over Leren (en Afleren).

In de bijdrage What I've Learned About White-Collar Crime merkt v/m aanklager Mary Jo White op: "Waarom doen op zich intelligente (en vooral) mannen het? Deel daarvan is dat witte boorden criminaliteit niet lijkt aan te zetten tot diepe schuldgevoelens zoals schuldgevoelens veroorzaakt door, stel, een misdaad zoals mishandeling, waarbij je tastbare, aanzienlijke schade aanricht aan iemand. Sommige van deze witte boorden misdaden, zoals belastingfraude, kunnen worden gezien als 'slachtofferloos', hoewel dat niet echt waar is.

Een deel van de motivatie is hebzucht, natuurlijk, maar er is meer aan de hand. Het deel dat het publiek onderschat is ego. Veel van de mensen die deze misdaden plegen zijn succesvol geweest en willen niet falen. Heel vaak heeft de markt hen aangesteld, maar ze hebben andere mensen nodig om zich nog steeds als succesvol te zien. Er is vaak een financieel motief, maar in een sterk prestatiegericht bedrijf waar verleidingen op de loer liggen, moet je rekening houden met de menselijke natuur en de behoefte aan status en aanhoudend succes."

Daar zijn ze weer: ethiek en integriteit, je hebt het of je hebt het niet. Beschik je niet over de kerncompetenties ethiek en integriteit dan is de kans aanwezig dat je door anderen wordt gefêteerd met acht flessen Dom Perignon-champagne en drie flessen wodka; met alle gevolgen van dien.

Aan de andere kant: "Illegally acquired business isn't very profitable." Idd, zie 'London'….

06 juni 2019, vandaag is het D-Day voor Vrouwen.

D-Day, 06 juni 1944, tussen de 150.000 mannen die op de stranden van Normandië landen bevindt zich één vrouw: de legendarische journaliste Martha Gellhorn. Nu, 75 jaar later, is het opnieuw D-Day en dat niet voor één vrouw maar voor miljoenen vrouwen. 'D-Day', niet omdat het hier vandaag oorlog is maar omdat banen die m.n.

door vrouwen worden ingevuld, worden bedreigd door de gevolgen van kunstmatige intelligentie in dit 'tijdperk van automatisering'.

"Tussen de 40 en 160 miljoen vrouwen over de hele wereld dienen voor 2030 over te stappen naar een ander beroep, vaak naar hoger opgeleide functies." Dat concludeert het McKinsey Global Institute (MGI) na onderzoek over de invloed van het 'tijdperk van automatisering' op de huidige banen. Vervolgens worden er conclusies getrokken die m.n. ingaan op banen die momenteel voor een belangrijk deel door vrouwen worden ingevuld. Het rapport is getiteld: "The future of Women at Work: Transitions in the age of automation."

Martha Gellhorn was een verstekeling op één van de landingsboten. Ze verkleedde zich als een 'hospik' en door de hectiek van de dag had niemand de verwisseling in de gaten. Op eenzelfde manier, een verwisseling die nauwelijks iemand in de gaten heeft, kan de transitie plaatsvinden van je huidige baan: voordat je het goed en wel beseft ben je overbodig want 'robot en zijn, haar kan dus ook, maten' hebben je taken overgenomen, disruptie.

MGI: "This new research explores potential patterns in "jobs lost" (jobs displaced by automation), "jobs gained" (job creation driven by economic growth, investment, demographic changes, and technological innovation), and "jobs changed" (jobs whose activities and skill requirements change from partial automation) for women by exploring several scenarios of how automation adoption and job creation trends could play out by 2030 for men and women given current gender patterns in the global workforce." Het onderzoek gaat uit van 3 scenario's: banen die verdwijnen, banen die worden gecreëerd, banen die veranderen in het 'tijdperk van automatisering'.

Dat het vooral de banen zijn die nu voor een belangrijk deel door vrouwen worden uitgeoefend, worden beïnvloed door kunstmatige intelligentie, heeft m.n. te maken met de aard en zwaarte van het beroep. In veel landen, w.o. Nederland, zijn vrouwen bijvoorbeeld goed voor meer dan 70 procent van de werknemers in de gezondheidszorg en sociale bijstand, de administratief ondersteunende beroepen. Maar minder dan 25 procent van hen werkt in de industrie, de agrarische sector, de visserij.

In het onderzoek richt MGI zich op zes volwassen economieën (Canada, Frankrijk, Duitsland, Japan, het Verenigd Koninkrijk en de Verenigde Staten) en vier opkomende economieën (China, India, Mexico en Zuid-Afrika). Samen zijn deze economieën goed voor ongeveer de helft van de wereldbevolking en ongeveer 60 procent van het wereldwijde BBP.

"In de tien bestudeerde landen zou gemiddeld 20 procent van de werkende vrouwen (107 miljoen) hun baan kunnen verliezen aan automatisering, kunstmatige intelligentie e.d. tegenover 21 procent van de mannen (163 miljoen) in 2030. Een stijgende vraag naar arbeid als gevolg van deze disruptie zou 20 procent meer banen voor vrouwen kunnen betekenen, vergeleken met 19 procent voor mannen, ervan uitgaande dat hun aandelen in sectoren en beroepen gelijk zijn." Voor zover gaat de invloed van robotica, kunstmatige intelligentie, machine leren e.d. op hun banen, gelijk op voor vrouwen en mannen. Echter: "Er zullen ook volledig nieuwe beroepen worden gecreëerd, voor ongeveer 60 procent bevinden deze nieuwe beroepen zich op door mannen gedomineerde gebieden." Dit betreft voor een essentieel deel de zgn. 'STEM' functies, functies in wetenschap, technologie, techniek en wiskunde.

Maar er is in dit 'tijdperk van automatisering' niet alleen vraag naar kennis, ook naar vaardigheden, en dat geldt dan voor vrouwen én mannen: "De vraag naar technologische vaardigheden is sinds 2002 gegroeid, maar zal sneller gaan. De vraag naar sociale en emotionele vaardigheden zal ook sneller gaan. De behoefte aan basale cognitieve vaardigheden en fysieke en manuele vaardigheden zal echter verminderen." Opleiden en ontwikkelen dus! Maar daarmee alleen zijn we er (nog lang) niet, aldus de onderzoekers.

Langdurig bestaande barrières vormen ook in de nabije toekomst een belemmering voor vrouwen om de overgang te maken naar een ander, nieuw beroep. In alle facetten van de samenleving w.o. politiek, onderwijs, bedrijfsleven is er, ook in Nederland, onvoldoende sprake van gelijkheid, diversiteit, inclusiviteit. Beleidsmakers, w.o. de politiek, en bedrijven c.q. werkgevers dienen op gelijkheid, diversiteit, inclusiviteit, meer interventies te doen dan nu het geval is. Zij dienen beleid te maken én te implementeren om deze barrières te overwinnen. Hoge prioriteit dient er te zijn v.w.b. investeringen in opleiding, het aanpakken van stereotypen over beroepen, proactieve ondersteuning richting een nieuwe baan c.q. uitdaging, sociale ondersteuning zoals bijdragen aan een werk-leven balans resp. aan veiligheid op het werk in de ruimste zin van het woord.

De toekomst van vrouwen op het werk: hen laten navigeren in de overgang naar werk passend bij het tijdperk van automatisering kan vrouwen op weg helpen naar productiever, beter betaald werk. Als dat niet gebeurt dan kunnen bestaande uitdagingen voor het bedrijfsleven, voor de economie, op groei of op z'n minst voor continuïteit, de komende jaren een zware last worden. Het is D-Day, dus.

De Belastingdienst en de Ongeschreven Regels van het Spel.....

"Wij nemen kennis van de bevindingen van de ADR en nemen de handelingsperspectieven ter harte bij het verder bouwen aan een cultuur gericht op samenwerking vanuit een brede blik op het totaal. De gevonden ongeschreven regels geven daarbij taal voor het goede gesprek (de dialoog) met leidinggevenden en medewerkers. Hierbij zal blijvend aandacht zijn voor het begrijpen, begrip en vertrouwen." Reactie management Belastingdienst op het zojuist verschenen onderzoeksrapport van de Auditdienst Rijk (ADR) met de titel 'Ongeschreven Regels'.

"Ik ben tot de conclusie gekomen dat een evenredig grote inspanning nodig is op het gedrag en handelen van medewerkers bij de Belastingdienst. Dat vraagt om een extra stap. Kernbegrippen als openheid, resultaat, samenwerken en integriteit moeten onderdeel uit gaan maken van het gesprek tussen leidinggevende en medewerker." Reactie staatssecretaris Menno Snel op het ADR-onderzoeksrapport 'Ongeschreven regels'.

"De analyse van de uitspraken laat zien dat er binnen het ministerie verschillende 'werelden' te onderscheiden zijn; er bestaat volgens de geïnterviewden een beperkt vertrouwen tussen de werelden: het Kerndepartement, DG BD Concernstaf en DB BD Uitvoering. Het gezamenlijk belang is volgens hen uit beeld geraakt." De auditors van de Auditdienst Rijk in hun ADR-onderzoeksrapport 'Ongeschreven regels'.

Gisteren publiceerde de Auditdienst Rijk de 'Eerste voortgangsrapportage op het Jaarplan 2019 Belastingdienst'. Zoals je hiervoor uit de citaten haalt, leveren de conclusies uit het onderzoek wisselende reacties op. De ADR geeft een duidelijke waarschuwing af: 'gezamenlijk belang uit beeld'. Voor het management van de Belastingdienst zal er: 'blijvend aandacht zijn'. Voor de staatssecretaris moeten: 'kernbegrippen als openheid, resultaat, samenwerken en integriteit onderdeel uitgaan maken van de communicatie'. Het FD concludeert 'Negatieve spiraal van wantrouwen tussen Financiën en Belastingdienst'.

Het is niet voor het eerst, en het zal ook niet voor het laatst zijn, dat de rapportage die volgt uit een onderzoek niet alleen wisselende reacties maar ook wisselende belevingen oproept. Wat dat betreft sluit dit naadloos aan bij de inhoud van het boek 'De Ongeschreven Regels van het Spel' van Peter Scott-Morgan.

"Tot het moment dat u de ongeschreven regels van het spel kunt begrijpen, beheersen en uiteindelijk kunt breken, zult u niet de veranderingen kunnen doorvoeren die essentieel zijn voor het voortbestaan van uw bedrijf." aldus Scott Morgan in 1995, incl. zijn accentuering.

Vanaf de 1e uitgave maakt 'De Ongeschreven Regels van het Spel' deel uit van de colleges 'Verandermanagement' die ik samen met mijn collegae Helga Hohn en Geert Heling verzorg voor de post-initiële opleiding Internal Auditing & Advisory aan de Erasmus School of Accounting & Assurance. In die 14 collegejaren hebben we ook veel medewerkers van de Auditdienst Rijk 'voorbij zien komen'. Of het toeval is dat de ADR rapportage 'Ongeschreven Regels' die nu verschijnt voor een belangrijk deel is opgebouwd a.h.v. 'De Ongeschreven Regels van het Spel', weet ik niet maar verwijzing en titel worden door ons gewaardeerd ook al wordt in het rapport de 'lijn' van Scott-Morgan niet volledig gevolgd; helaas. (NB; dat komt waarschijnlijk omdat er ook andere auteurs worden gehanteerd, auteurs die naar het traditionele of de orthodoxe 'cultuurverandering' neigen).

Staatssecretaris Menno Snel meldde gisteren aan de Tweede Kamer dat hij "verbetering van de 'cultuur' binnen de Belastingdienst tot prioriteit maakt bij de vernieuwing van de organisatie" en dat hij "externe hulp inroept om de dienst in het gareel te krijgen"….

Daar gaan we weer, denk ik dan: cultuurverandering als de ultieme oplossing. De Belastingdienst is hier in het ManagementPro blog, voor wat (het mislukken van) 'cultuurverandering' betreft, een dankbaar (sic) onderwerp. Zo verschenen in 2016 de entries Cultuurverandering Belastingdienst is vooraf al Mislukt en Belastingdienst: Cultuur is NIET de Dader! In de afgelopen decennia hebben (te) veel bewindspersonen zich stuk gebeten op de

Belastingdienst. Nu Snel weinig lijkt te leren van de historie en opnieuw met een 'cultuurverandering' komt, lijkt hij potentieel de volgende in de rij.

"Ongeschreven regels zijn sociale normen voor gedrag. Ze bepalen het gedrag in een organisatie. Ze zijn een reflectie van 'Zo doen wij dat hier'. Ongeschreven regels zijn voor werknemers zinvolle overlevingsregels. Het is de manier hoe je dingen gedaan krijgt of hebt gekregen. De effecten van ongeschreven regels kunnen meer of minder passen bij wat het Ministerie probeert te bereiken. Met inzicht in de oorzaken en effecten van de ongeschreven regels kunnen interventies worden ontwikkeld om de huidige en de gewenste cultuur beter te laten overeenkomen." aldus de onderzoekers van de ADR.

Vervolgens zoekt het management van de Belastingdienst de oplossing in de "dialoog waarbij blijvend aandacht is voor begrijpen, begrip en vertrouwen." Ook de staatssecretaris lijkt zich daarbij aan te sluiten: "het gesprek tussen leidinggevende en medewerker gaat over kernbegrippen als openheid, resultaat, samenwerken en integriteit."

Peter Scott-Morgan daarover: "Traditionele benaderingen die gericht zijn op de beschreven gedragsproblemen of op de verandering van de ondernemingscultuur volgen de orthodoxe aanpak. Zij richten zich altijd op de gemeenschappelijke waarden van de organisatie. Zij proberen altijd de motivatoren als eerste aan te pakken. (....) Ze proberen water omhoog te laten stromen. Als gevolg hiervan zijn vele managers in de afgelopen jaren uitermate cynisch geworden over cultuurverandering. (NB; vandaar waarschijnlijk ook dat het management van de Belastingdienst hier de bevindingen van de ADR "ter kennisneming en ter harte neemt". Directe actie en persoonlijk commitment daaraan spreekt hier niet uit.)."

Scott-Morgan: "Zij, managers, geloven dat de barrières die gedragsverandering blokkeren, eenvoudigweg niet weggenomen kunnen worden. Of ze maken zich er zorgen over dat ze hun beheersing over het proces verliezen, omdat ze aan een vaag soort alchemie begonnen zijn. (NB; 'cultuurverandering volgt op cultuurverandering' waarna een medewerker van het collega-Ministerie van Justitie en Veiligheid begin dit jaar opmerkte "Ik ben Kwijt welke Problemen we nu aan het Oplossen zijn…" .). "

Scott-Morgan: "Het essentiële nieuwe inzicht is dat de problemen die door gedrag veroorzaakt worden, niet vaag en ongrijpbaar zijn. De problemen zijn logisch. De oplossingen zijn logisch. (zie ook "Cultuur is niet de Dader")"

Volgens Scott-Morgan dient het beheersen van de 'Verborgen Regels' een basisvaardigheid te worden van de manager-van-de-toekomst. Beschikt de manager/bestuurder niet over deze basisvaardigheid dan is vervangen een reële optie. De gevolgen zijn anders te groot, te kostbaar.

De FIOD merkt in bijgaande recente corporate YT op: "Niet iedereen neemt het even nauw met de regels."; dat lijkt, verborgen of niet, helaas ook op te gaan voor de eigen, moeder, organisatie. De FIOD concludeert: "Dat kost de samenleving veel geld." idd….

Laatste nieuws: het volgende Ministerie voor een 'cultuurverandering' staat al voor de deur: "Het Ministerie van Defensie gaat opnieuw kijken naar een groot IT-project. Aanleiding is een kritisch rapport van het Bureau ICT-toetsing (BIT). Het project zal als gevolg daarvan aangepast worden; extra kosten zijn onvermijdelijk." Bron: Het FD 'Defensie terug naar de tekentafel na kritiek op groot IT-project'.

Verrassend, een (in potentie) mislukt IT project binnen de Overheid. Da's ook voor het eerst (sic.). Ongeschreven regels, wellicht?

Waarom Cultuurverandering voor de Belastingdienst een Rage een Hype is en daadwerkelijke Cultuurverandering Niet Slaagt.

Wat mij verbaast, verbijsterd zelfs, is dat met ca. 1 miljoen (incl. thuiszitters) ambtenaren en een jaarlijkse overheidsuitgave van € 1,4 miljard aan externe ondersteuning (NB: m.b.v. gemeenschapsgeld), je zou mogen verwachten dat daartussen op z'n minst één man, één vrouw zit die de Belastingdienst uit de al jaren slepende malaise kan helpen: cultuurverandering; niet dus.

09 december 2010 verscheen in de media het bericht dat de Belastingdienst reorganiseerde en dat dit een banenverlies van 3.000 medewerkers betekende. De consequenties daarvan bleken vervolgens giga. Vanochtend, en inmiddels 9 jaar verder, melden diezelfde media dat Staatssecretaris Menno Snel ('what's in a name') de cultuur bij de Belastingdienst (nog steeds) wil aanpakken; m.a.w.: 'malaise'!

"Organisatieveranderingen buitelen over elkaar heen, waarbij telkens de loftrompet gestoken wordt over de nieuwste managementtrend, die vooral 'anders' is dan het heersende organisatiemodel." schrijven Harry Garretsen en Janka Stoker deze week in een opiniestuk in Het FD. Deze kritische stellingname gaat ook op voor de Belastingdienst. Aan het scala aan verandertrajecten resp. implementatie van dito business modellen e.a. 'goede bedoelingen' (sic.) ontbrak het de Belastingdienst nl. niet in het recente decennium, maar resultaat 'ho maar'. Het bleken steeds rages, hypes. Garretsen en Stoker blijken wars van hypes; ik ben dat ook, zeker zelfs.

Nu is staatssecretaris Snel, net als zijn politieke voorgangers die ook over dit dossier zijn gestruikeld, natuurlijk de 'bekende kop van jut'. De politiek mag de klappen opvangen terwijl een stevig (top)ambtenaren bastion, al dan niet m.b.v. externe ondersteuning,

Managen en Leiden Pre-Corona, over Leren (en Afleren).

het best gedijt bij een status quo. "Après nous, le déluge" zou
Madame de Pompadour, de maîtresse van koning Lodewijk XV van
Frankrijk, deze status classificeren.

Het bericht waarmee de vakbonden vandaag komen over een
'verziekte werksfeer' binnen de Belastingdienst, is niet nieuw. N.a.v.
het rapport 'Ongeschreven Regels', dat de Auditdienst Rijk in juli
van dit jaar publiceerde, merkte de staatssecretaris al op
"Kernbegrippen als openheid, resultaat, samenwerken en integriteit
moeten onderdeel uit gaan maken van het gesprek tussen
leidinggevende en medewerker."

"De cultuuromslag met onderliggend cultuuronderzoek start bij de
dienst Toeslagen." vertelde mij vorige week 2 medewerkers van de
Belastingdienst. 'Toeslagen' ligt momenteel onder een (te) groot
vergrootglas, vandaar. "Dat nooit!", antwoordde ik, "'Toeslagen' ligt
al, als een verslagen bokser, 'in de touwen' en nu ga je die bokser
nog een paar extra slagen nageven." Vervolgens reageerden beiden
dat dit ook signalen waren vanuit 'Toeslagen': "Een
cultuuronderzoek? Daarop zitten we nu zeker niet te wachten!".

Waarom hier, bij 'Toeslagen' of binnen (ook) andere organisaties
met vergelijkbare problematische bedrijfsonderdelen, nu geen
cultuuronderzoek? Omdat de resultaten van je cultuuronderzoek
door het negatieve sentiment dat daar nu heerst op een
gewelddadige manier worden beïnvloed. Met de resultaten kun je
niets, althans zeker geen beoogde 'cultuurverandering'. Als je dan
toch een cultuuronderzoek wil uitvoeren, start met je onderzoek
dan bij de 'best presterende' eenheid/afdeling/team en 'druppel'
die resultaten vervolgens langzaam verder de organisatie in tot het
niveau van, bijv. 'Toeslagen': 'goed voorbeeld doet hier vervolgens
ongetwijfeld volgen'. Je acteert dan op basis van 'best practices'.

"It makes intuitive sense to look at culture as an outcome—not a
cause or a fix." merken Jay Lorsch en Emily McTague in hun HBR
artikel 'Culture is not the Culprit'.

www.willemscheepers.nl
www.managementpro.nl

Wat kan er dan wel aan de hand zijn bij 'Toeslagen'? 'Kan', aannames en hypotheses ik weet het, ik deed er dan ook geen onderzoek naar; maar vooruit een 'moonshot' kan geen kwaad.

Lezen we het recent verschenen rapport van de Commissie Donner 'Omzien in Verwondering' (NB; de titels van de aan de Belastingdienst gelieerde rapporten worden steeds beter) dan lijkt het er op dat het bij het 'inwerken van de Toeslagen medewerkers' in 2006(!) al is misgegaan. Citaat: "Het voorgestelde stelsel was een vernieuwing en gevreesd werd dat de burger erop achteruit zou gaan ten opzichte van voordien bestaande inkomensafhankelijke voorzieningen, mede omdat 'Toeslagen' er van werd verdacht de uitvoering niet "con amore" ter hand te willen nemen." Mogelijke weerstand tegen nieuwe praktijken kun je in je inwerkprogramma, ook van bestaande medewerkers dus, het best meenemen. Niet goed of onvoldoende inwerken kan jaren later nog tot problemen leiden, laten meerdere onderzoeken zien.

In 2012 werd vervolgens een nieuw IT systeem geïntroduceerd genaamd 'Mijn Toeslagen'. Maar laten we daaraan niet nog meer tekst besteden. Structuur als 2e oorzaak.

Dan waren daar vervolgens de 'stakeholders' en dan m.n. de Politiek met zo hun eigen belangen en een schijnbaar gebrek aan Visie; 3e oorzaak. Donner c.s. "Bezuiniging op de sociale zekerheid lag bij de vorming van het kabinet Rutte II (2013) zo mogelijk nog gevoeliger. De uitweg werd gevonden in terugdringen van oneigenlijk gebruik, behoud van uitkeringen en bestrijding van misbruik en fraude." Het rapport vervolgt: "Tegen deze achtergrond mag het niet bevreemden dat binnen 'Toeslagen' de focus verschoof naar fraudebestrijding. Het zou opvallender zijn geweest indien 'Toeslagen' te midden van een hevig politiek debat over de toenemende fraude en de schadelijke effecten die dit had op de solidariteit, onverstoorbaar door zou zijn gegaan op de ingeslagen weg van dienstverlening, makkelijke toegang en controle achteraf."

Managen en Leiden Pre-Corona, over Leren (en Afleren).

De 'Bulgarenfraude', 2014, verergerde de interne situatie: nog meer focus op fraudebestrijding. Donner: "Het schiep een algemeen 'klimaat' waarin binnen de kortste keren iedere misslag, overtreding of onjuiste aangifte van een toeslag als fraude werd aangeduid." De banken weten inmiddels dat 'fraudebestrijder' een ander type medewerker is dan 'klantadviseur'. De daarop volgende reorganisatie: "Volgens het plan zouden 4800 mensen moeten afvloeien." maakte het er voor de bezetting van 'Toeslagen waarschijnlijk ook niet beter op. "Zit de juiste M/V nu nog steeds op de juiste plaats?", kan dan ook een 4e oorzaak zijn. Dat er nu op grote schaal nieuwe medewerkers worden aangetrokken is mooi, maar als zij niet of onvoldoende worden ingewerkt wordt het probleem nog groter.

De 4 aannames die ik doe, mogelijk zijn er nog meer maar dan dien ik daarvoor empirisch onderzoek te doen, hebben geen relatie met organisatiecultuur maar met organisatiestructuur. Hoewel: wordt er niets aan deze structuurfouten gedaan, dan heeft dit ongetwijfeld invloed op de cultuur. Hoe dan ook, ik voorzie dat 'de Belastingdienst' voorlopig nog een dankbaar onderwerp blijft tijdens mijn colleges Verandermanagement en Master Classes Organisatie en Cultuur.

Overigens, Het FD meldt n.a.v. het FNV onderzoek dat de staatssecretaris een motto toevoegt aan de vernieuwingsoperatie bij de dienst: 'Wij zijn de Belastingdienst'. Wellicht dat 'Wij worden de Belastingdienst!' beter passend is.

NB 1; Vrijdag 291119 meldt RTL Nieuws onder het kopje 'uitzonderlijk': "Kamer onderzoekt strafvervolging Menno Snel en ambtenaren om toeslagenaffaire." Dat een staatssecretaris strafrechtelijk wordt vervolgd, hier m.b.t. de 'toeslagenaffaire' is idd uitzonderlijk. Het bevestigt mijn stelling dat de staatssecretaris hier 'de kop van jut' is, OK in de aanklacht volgen ook enkele ambtenaren.

NB 2; 'Hoekstra knipt Belastingdienst op na toeslagendrama; directeur-generaal weg.' meldt Het FD op 110120.

'In het kabinet is vrijdag over Wopke Hoekstra's ingrepen gesproken. Volgens Haagse bronnen wil de minister de Belastingdienst opknippen, in mogelijk drie nieuwe directoraten-generaal waarvan een voor Toeslagen.'

'Opknippen', als je de achtergrond kent van Hoekstra: McKinseyaan, dan is dat idee niet verrassend: je knipt de 'bad bank' genaamd 'Toeslagen' los van het beter functionerend/presterend geheel genaamd Belastingdienst. (NB; 'vrij uit vooruitdenkend' verwacht ik dat er na opsplitsing deze 3 onderdelen resteren: 'Belastingdienst' richt zich opnieuw op de kernactiviteit nl. het innen van belastingen; 'Douane' richt zich de laatste jaren steeds meer op het thema 'veiligheid' dan op belasting innen, dat sluit dan 'mooi' aan bij de Nationale Politie, waarvan je mag hopen dat daar de problemen dan inmiddels zijn opgelost; 'Toeslagen' verdwijnt naar UWV resp. DUO, organisaties die hiertoe beter zijn geëquipeerd).

Id., zo'n opsplitsing, voert Hoekstra's v/m McKinsey collega Wiebe Draijer momenteel uit bij Rabobank: de toekomstbestendige 115 jaar 'oude' superieure agri-kennis en ervaring met 'banking for food' loskoppelen van het ten dode opgeschreven reguliere bankbedrijf.

Op zich prima deze 'McKinseyaanse aanpak', zo wordt de 'Rabobank' daarmee (voor opnieuw 115 jr?) gered, bij de Belastingdienst is dat echter nog maar zeer de vraag; maar ik ben benieuwd.

Later diezelfde dag:

'Installeren van nieuw leiderschap, een veilige werkomgeving creëren, het kunnen melden van misstanden door inzet van personeelsraadspersonen en de bescherming van klokkenluiders.'

Managen en Leiden Pre-Corona, over Leren (en Afleren).

(NB; 'bescherming klokkenluiders', dat zou nog weleens 'een dingetje' kunnen worden...)

Dat zijn de, feitelijk te verwachten, maatregelen die minister Wopke Hoekstra neemt om te kunnen komen tot een cultuurverandering bij de Belastingdienst. Dit blijkt uit de brief die hij vanavond stuurt aan de Tweede Kamer.

Naast aanpak van de cultuur stelt Hoekstra o.m. voor dat de Douane en Toeslagen worden afgesplitst en dat de kwaliteit van de Belastingtelefoon wordt verbeterd. Daarvoor wil hij: 'externe ondersteuning inhuren'. (Nb; bovenop de €1,4 miljard/jr die de Overheid hieraan al uitgeeft. Dat hielp hier tot nu helaas nog niet.). Overigens, dat er 'iets' dient te gebeuren bij de Belastingtelefoon, was mij in 2016 al duidelijk. Wellicht komen externen dan met als alternatief voor het telefoonteam tot de inzet van 'chatbots' resp. tot een 'interactive voice response' systeem zoals Victoria's Secret dat al bijna een decennium hanteert.

Bij de NOS merkt de minister 's avonds op: 'Dit gaat mogelijk nog jaren duren.' Reële constatering zo lang het maar geen 'Nationale Politie' wordt....

NB 3; 'Gedupeerde ouders in de toeslagenaffaire moeten nog zeker maanden wachten op compensatie.' meldt Trouw op 200820 n.a. v. de slepende toeslagenaffaire'.

Tegelijkertijd twittert SP 2e Kamerlid Renske Leijten 'Ondertussen zijn ze bezig met "klantreizen" (nu 'ouderreis' genoemd) en loopt Deloitte binnen met een opdracht van dik 2 miljoen. Ook lopen er nog dure accountants van Boston Consultancy Group rond. Gekmakend.'

Een 'ouderreis' voor € 2 miljoen gemeenschapsgeld terwijl de toeslagencrisis voorlopig nog niet lijkt opgelost, dat maakt mij nieuwsgiering naar dat wat er voor die investering wordt aangeleverd door externe partijen.

D.i. op zich een interessant stroomschema maar het garandeert daarmee nog niet dat de gedupeerden versneld hun teveel betaalde geld terugkrijgen. Da's m.n. handelingsgedrag en verantwoordelijkheid nemen.

Bron: Rijksoverheid Voortgang hersteloperatie toeslagen ter voorbereiding van AO 20 augustus 2020.

3 Voorwaarden voor Succesvol Verandermanagement.

Binnen het productie onderdeel van de organisatie besloot het management tot een ingrijpende verandering. Na ruim een decennium lang op een manier gewerkt te hebben die naar de mening van het management nodig een 'vernieuwing' verdiende, kwam het plan voor de verandering tot stand. Feitelijk zou er voor deze verandering een advies van de OR nodig zijn, maar men ging daaraan voorbij. Ook vergat men belanghebbenden als medewerkers maar ook klanten over het proces, en de eventuele gevolgen daarvan, te informeren. De verandering zou toch een naar verwachting zonder veel ruis verlopend 'on going' proces zijn. Na implementatie van het plan, nam echter zowel ziekteverzuim van medewerkers als ontevredenheid onder klanten, in rap tempo toe. Om de 'druk van de ketel te halen' besloot men om voorlopig de productie te verplaatsen naar een andere vestiging, maar ook dit bleek geen gelukkig besluit.

Organisatieverandering, soms is het nodig, vaak niet. Dat laatste gaat je misschien iets 'te snel door de bocht', maar denk dan aan de groei- c.q. ontwikkel fases van Greiner: veel veranderingen zijn/waren feitelijke logische ontwikkelingen. Je had dat alleen even niet in de gaten. Zo kun je afwachten tot het moment dat disruptieve technologieën als autonoom vervoer, 3D, 5G, robotica, machine leren, kunstmatige intelligentie tot een (ingrijpende) organisatieverandering leiden. Dat geldt ook voor Brexit, klimaatverandering, e.d.: of je het er nu mee eens bent of niet, gevolgen voor je organisatie hebben ontwikkelingen als deze sowieso. Je kan er dus ook op anticiperen en dat doe je vanaf nu. Je neemt vervolgens iedere betrokkene mee door 'iets' wat ook voor hen een logische ontwikkeling is/wordt.

Je kan je echter ook afvragen of de voorgestelde verandering überhaupt nodig/wenselijk is? Nadat je Het Nieuwe Werken had geïmplementeerd, gevolgd door Zelfsturing, is het nu tijd voor Lean (en denken je consultants alweer na over de volgende hype). Je sleept je belanghebbenden zoals medewerkers, klanten, toeleveranciers, e.a., van de ene naar de andere verandering (NB; vaak is de vorige nog niet afgerond of je begint alweer aan de volgende). Veranderingen waarvan het nog maar de vraag is of het daadwerkelijk iets toevoegt aan organisatie en organisatieresultaat? Als je alleen al naar de directe en indirecte kosten van de verschillende initiatieven kijkt dat laatste, een bijdrage aan het financiële resultaat, (zeer) waarschijnlijk niet.

Het voorbeeld dat ik hiervoor aanhaal is een, geredigeerde, recente ervaring. Op nut en noodzaak van de verandering op het productieproces ga ik hier niet in. Wel werd al redelijk snel duidelijk dat deze nut en noodzaak van het veranderproces vooraf niet, of op z'n minst onvoldoende, met direct betrokkenen was gecommuniceerd. De OR ging in de contramine. Medewerkers zagen de beoogde efficiencyverbetering toch vooral als een bedreiging van hun functie, hun loopbaan (dat terwijl in het oorspronkelijke plan geen sprake was van afvloeiing van mensen maar van een verwachte toename van omzet waarvoor er nog steeds mensen nodig zouden zijn). O.i.v. de onduidelijkheid nam het ziekteverzuim onder de medewerkers in verhoogd tempo toe.

Dat de verandering vertraging op zou lopen, dat er ziekteverzuim zou ontstaan, dat productie en afzet een (tijdelijke?) dip zouden krijgen en dat deze combinatie invloed zou kunnen hebben op de klantbeleving, daarmee was vooraf op geen enkele manier rekening gehouden. De onbekendheid met het nut van de verandering en het feit dat de jarenlange kwaliteit van product en levering afnam, leidde niet alleen tot klachten van afnemers, ook zag de organisatie klanten vertrekken.

Om 'het tij te keren' besloot men tot een noodgreep. Op een andere locatie was e.d. verandering nog niet doorgevoerd. Daar was ook nog ruimte om de productie tijdelijk te verhogen. Men hoopte daarmee niet alleen de klanten tevreden te houden maar ook het ziekteverzuim te verlagen. Men verwachtte dat men met deze actie de door de verandering getroffen medewerkers kon ontlasten. Op zich een te waarderen initiatief. Klanten waren iig blij dat productie weer naar het oorspronkelijke niveau ging. Bij de medewerkers werd echter het omgekeerde geconstateerd van dat wat men beoogde: het ziekteverzuim, zelfs het verloop, nam verder toe.

Op zich is dat laatste niet verrassend: het verplaatsen van de productie bevestigde bij de medewerkers juist het beeld dat 'hun' locatie idd gaat sluiten……

D.i. hier, in deze situatie, voor een essentieel deel (toch) nog te herstellen maar voor degenen die nu aan de vooravond staan van een organisatieverandering, is mijn advies:

1. Communiceer en Informeer alle belanghebbenden;
2. Ga er vooraf van uit dat de geplande/gewenste Verandering ook kan Mislukken;
3. Loopt het dan toch Mis, biedt betrokkenen échte Oplossingen.

En als een verandering niet nodig is? Verander dan niet.

"Wat is de link met bijgaande YT dan?", vraag je? Nu, congresswoman Alexandria Ocasio-Cortez leidt een (echt c.q. noodzakelijk) veranderproces 'mooi' in: een natuurlijke ontwikkeling die voor ons mensen helaas een verandering is geworden. En: veranderen is idd niet voorbehouden aan de elite.

LEIDEN

Racisme op de Werkvloer.

Voetballers kunnen van het veld aflopen, sporters kunnen hun wedstrijd beëindigen, artiesten kunnen van het podium afstappen, zelfs ZZP-ers kunnen een opdracht weigeren maar wat doe je als werknemer zodra je op de werkvloer wordt geconfronteerd met een op jouw persoon gericht racisme? Neem je je ontslag en wat zegt je partner, je gezin daarvan? Ga je staken? Ga je naar het Malieveld? Dit laatste zou 'nieuw' zijn voor mij omdat mij in ons land geen 'racisme staking' bekend is, nog niet althans.

"Succes moet niet zozeer worden afgemeten aan de positie die iemand in het leven heeft bereikt, maar aan de obstakels die iemand heeft overwonnen terwijl hij/zij probeerde te slagen in dit leven."

Terwijl dit weekeinde, zelfs internationaal, aandacht werd besteed aan 'Sinterklaas' en FC Den Bosch, in de nasleep er van, liet zien dat je communicatief in rap tempo van 'kwaad' in 'erger' kan verzeilen, verschijnt bij HBR het 'Big Idea: Advancing Black Leaders'. Het kan, bijna, geen toeval zijn. Met voorgaand citaat opent dit Big Idea.

Met een recente en zéér gewelddadige geschiedenis van racisme tegenover African Americans heeft de VS een ruime (sic) ervaring op dit thema. Voor ons ligt het VOC tijdperk niet meer in ons collectief geheugen. De onderzoekers van Harvard merken m.b.t. het bestrijden van racisme op de werkvloer op: "We have not identified any major company that is doing this well on a broad scale." Ook in NL bij werkgevers geen gebrek aan 'goede bedoelingen' zoals kernwaarden gericht op gelijkheid, diversiteit, inclusiviteit. Maar voorbeelden van werkgevers die zich op het bestrijden van racisme op de werkvloer positief onderscheiden? Ik ken/vind geen voorbeelden maar lees ze graag want die voorbeelden zijn er ook; verwacht/hoop ik althans. Ook aan wetenschappelijk onderzoek lijkt het te ontbreken. Als ik snel zoek dan kom ik op Gediscrimineerd op de Werkvloeren dan…? van Najat Bochhah uit 2006.

"Discriminatie is het ongelijk behandelen en achterstellen van mensen op basis van kenmerken die er niet toe doen in een situatie. Dan kun je denken aan afkomst, sekse, huidskleur, seksuele voorkeur, leeftijd, religie, handicap of chronische ziekte." aldus Discriminatie.nl.

"Op je werk kan je te maken krijgen met discriminatie. Bijvoorbeeld pesterijen op de werkvloer, je wordt afgewezen voor een sollicitatie omdat je te oud bent of je bent een arbeidsmigrant en krijgt lager betaald dan je collega." aldus het College voor de Rechten van de Mens.

Dat laatste, minder beloning ontvangen dan een collega die hetzelfde werk uitvoert maar die andere kenmerken vertoont dan jij, is een interessant punt v.w.b. het kunnen meten van racisme op de werkvloer. Dit lijkt nl. het enige onderdeel van werk te zijn dat meetbare verschillen aantoont of kan aantonen. 'Kan' omdat je significante verschillen tussen werknemers niet 'zo maar' mag onderzoeken en zo beperkt bijv. het Nationaal Salaris Onderzoek 2019 zich tot 'verschillen M/V'.

In juni meldde het CPB Inkomensverschillen Mensen met en zonder Migratieachtergrond nauwelijks afgenomen. Dat lijkt positief maar het betekent dat er niets aan is verbeterd: van Surinaamse oorsprong ontvang je -16% t.o.v. een 'Nederlander', Antilliaans -21%, Turks -26%, Marokkaans -31%. Vervolgens lijkt het er op: 'hoe exotischer je achtergrond, hoe groter het verschil in beloning'. Overigens, het CPB 'houdt nog een slag om de arm' omdat opleidingsniveau e.a. factoren bij deze verschillen ook een rol kunnen spelen.

"Sinds #MeToo en Time's Up is er meer aandacht voor de rechtvaardige behandeling van vrouwen op de werkvloer. Maar de bewegingen zijn nogal wit. En dat terwijl vrouwen van kleur vaker en op een andere manier gediscrimineerd en geïntimideerd worden." schreef Linda A. Thomson (ook) in juni in Overlevingsstrategieën voor Zwarte Vrouwen. Waar blanke of witte vrouwen op de werkvloer achterlopen op witte mannen, geldt dat voor zwarte vrouwen in versterkte mate, vaak ook nog eens 'dubbelop' zelfs: zwart én vrouw! Thomson refereert aan Frans onderzoek van de International Labour Organization dat volgens haar het tot nu enige onderzoek is op dit thema 'Making Workplace Harassment part of the Anti-Discrimination Struggle'.

Hoe pak je het aan, racisme op de werkvloer of, meer positief gesteld, kansen op de werkvloer voor anderen dan alleen witte mannen?

In de Big Idea ook een interview met Melissa Thomas-Hunt, AIRBNB's 'head of Global Diversity and Belonging' (NB: interessante aanvulling op haar aandachtsgebied, dat laatste 'Belonging' = 'behorende bij'. Het is weer eens iets anders dan 'inclusie'.). Thomas Hunt:

"Though culture change is hard, and the path to it seems murky, we do know that managers are the front line. They're the ones with the power to make employees feel safe enough to contribute their knowledge and perspectives. Managers have the ability to build relationships across difference through their access to other team members and leaders. And managers can use their status to provide growth opportunities to black workers through committed sponsorship efforts and by communicating their value — including their expertise, potential, and accomplishments — to others." De cultuur van een organisatie veranderen is lastig, zéér lastig. Waar lazen we dit eerder? Maar dat betekent daarmee niet dat organisatiecultuurverandering, hier op het thema 'racisme op de werkvloer', onmogelijk is.

Managen en Leiden Pre-Corona, over Leren (en Afleren).

"Real culture change will start when managers learn how to do this, and it will require a top-down approach. Companies need to make it clear that a great supervisor is someone who creates an environment in which a diverse array of people can succeed. HR professionals need to be empowered to help managers advance inclusive behaviors and eliminate those that erode inclusion, belonging, and engagement. Resources need to be put toward training managers to understand the ways in which their own identities impact the way they engage with others. When situations arise in which black employees are experiencing microaggressions or outright discrimination, managers should know how to properly address the issues and escalate if necessary." aldus Melissa Thomas-Hunt.

De vraag is dan: wie zet hier de 1e stap op weg naar die cultuurverandering?

Dat lijkt Ons Oranje te zijn. Op het moment dat Ons Oranje bijgaande YT publiceerde, september, hadden zij waarschijnlijk geen idee dat zij, na enkele rumoerige dagen, met hun optreden tijdens Nederland – Estland een 'Nieuwe Golf' op gang zouden brengen met doelpuntenmakers Georginio Wijnaldum, oorsprong: Suriname, Nathan Aké: Ivoorkust, Myron Boadu: Ghana.

"Succes moet niet zozeer worden afgemeten aan de positie die iemand in het leven heeft bereikt, maar aan de obstakels die iemand heeft overwonnen terwijl hij/zij probeerde te slagen in dit leven." 'The New Wave is Coming' en da's maar goed ook.

NB; De week werd op 'passende' (sic) wijze afgesloten door (toch) icoon Marco van Basten. Van Basten had op zaterdagavond, in zijn rol als analist bij FOX Sports Eretribune ('what's in a name'), een typische Freudiaanse verspreking. Na een interview van journalist Hans Kraay met de Duitse Heracles-trainer Frank Wormuth, liet Van Basten een (toch) enthousiast 'Sieg Heil!' horen.

Managen en Leiden Pre-Corona, over Leren (en Afleren).

'The New Wave is Coming', daar blijf ik bij, maar het ziet er naar uit dat dit toch nog even gaat duren……

Diversiteit: gewoon een kwestie van doen! (zou 't?)

"Er zijn nog steeds te weinig vrouwen en mensen met een niet-westerse migratieachtergrond in de top van het Nederlandse bedrijfsleven. Dat aantal groeit wel, maar het gaat te langzaam. De SER pleit daarom voor een integrale aanpak met steviger maatregelen."

Vandaag publiceert de Sociaal Economische Raad het rapport Diversiteit in de top, tijd voor versnelling. Direct reageerden de nieuwsmedia enthousiast met berichten als Bedrijfsleven is om: tijd voor meer vrouwen in de top. Maar met het alleen verwijzen naar 'meer vrouwen in de top', doen zij het rapport, en het uitgebreide onderzoek dat er onder ligt, tekort.

Het is iig relevant om te weten welke definitie de SER in het onderzoek hanteert voor het begrip 'diversiteit':

"Diversiteit is een multidimensionaal begrip, dat op verschillende manieren wordt geïnterpreteerd en gebruikt. Het gaat dan om zowel zichtbare kenmerken, zoals gender en culturele achtergrond, als om minder zichtbare kenmerken zoals een beperking, chronische ziekte, seksuele voorkeur, normen en waarden, persoonlijke overtuigingen, talenten, werkstijl, opleiding of ervaring. De lijst met individuele verschillen is eindeloos. Onzichtbare kenmerken, zoals iemands leefstijl of interessegebied, zijn vaak gerelateerd aan zichtbare kenmerken als sekse of leeftijd."

M.a.w.: naast gender diversiteit is er culturele diversiteit, en dan kennen we ook nog de combinatie van beiden.

Noorwegen wordt ook nu als voorbeeld aangehaald van een land waarin een door de overheid opgelegd diversiteit quotum een succes is. Wat van belang is voor het succes van Noorwegen blijft echter, opnieuw, achterwege. In Noorwegen behoort zowel de arbeidsparticipatie van vrouwen (NB; relatief weinig deeltijdwerk) als het opleidingsniveau van vrouwen tot het hoogst in de EU. Dat maakt het werven en selecteren van top talent voor werkgevers toch eenvoudiger.

Het lijkt opmerkelijk hoe snel het sentiment bij werkgevers in NL is omgeslagen op het 'quotum thema'. In januari nog publiceerde de Overheid nl. het onderzoek 'Werkgevers over diversiteit op de werkvloer'. Conclusie:

"Diversiteit staat niet hoog op de agenda van bedrijven/organisaties. Sowieso niet vanuit een algemene wenselijkheid van een divers team, want andere zaken zoals het voortbestaan van een bedrijf/organisatie, concurrentiekracht, goed functioneren en het vinden van personeel in de krappe arbeidsmarkt eisen de aandacht op. Diversiteit houdt werkgevers niet echt bezig en ze voeren er ook niet een gericht beleid op."

Maar goed, 'het kan verkeren' en over het al-dan-niet invoeren van quota wordt al ruim een decennium gediscussieerd dus we mogen nu wel eens overgaan tot Actie!

De SER ziet als voordelen van (meer) diversiteit:

"Er zijn genoeg aanwijzingen dat diversiteit meerwaarde heeft. Met diversiteit en inclusiviteit is maatschappelijke winst te behalen. Een eerlijkere verdeling van topposities draagt bij aan meer kansengelijkheid in de samenleving en zorgt ervoor dat talent dat nu grotendeels onbenut blijft, meer ruimte krijgt zich te ontwikkelen."

Maar men is zich ook bewust dat meer aandacht voor diversiteit niet automatisch meerwaarde creëert voor een organisatie.

"De effecten op financiële bedrijfsprestaties zijn niet eenduidig, blijkt uit onderzoek en zijn soms positief, soms negatief of neutraal."

De SER verwijst hierbij o.m. naar de conclusie van het Centraal Planbureau (CPB) en het Sociaal en Cultureel Planbureau (SCP) in hun in augustus verschenen onderzoek 'Bij Bindend Quotum meer Vrouwen aan de Top, niet meer Winst'.

Uiteindelijk lijkt de SER er dan toch niet écht uit te zijn waarom je als werkgever, als maatschappij niet voorbij kan aan een diversiteitquotum. Dat lijkt (pijnlijk?) duidelijk uit de titel van de brochure die voor werkgevers beschikbaar is: 'Meer diversiteit op de werkvloer en in de top Gewoon een kwestie van doen.' Ofwel, 'Kom op, niet zeuren nou!'.

Jammer, m.i. toch niet 'stevig' genoeg.

Eerder publiceerde het Britse CIPD het rapport 'Quotas and targets: How do they affect diversity progress?'. Ook zij concluderen voordelen voor diversiteit maar voegen aan het succes van deze implementatie nog een belangrijke randvoorwaarde toe:

"It is the influence of female role models in executive positions that has the potential to create the greatest sea change in organisational attitudes and practices around gender diversity and female progression.

The proportion of executive director posts that are held by women is also the real test of an organisation's success in developing a strong and sustainable female talent pipeline that lays the foundation for senior female succession to the top."

Of vrouwen c.q. 'leden van een (andere) minderheid' ook daadwerkelijk in een 'executieve' c.q. uitvoerende dan wel beslissingsbevoegde rol zitten binnen een Raad van Bestuur resp. binnen een directie, is hier de lakmoesproef ofwel: naast 'diversiteit' ook 'inclusiviteit' en 'gelijkheid' c.q. gelijke kansen.

"Executive directors hold a position on the board of directors. They have "executive responsibility" for running the company's business"."

Volgens de Britse Non-executive director and board member organisation bestaat 30% van de RvB's/Directies uit niet-uitvoerde rollen, denk daarbij aan de verantwoordelijken voor ondersteunende afdelingen. En laten nu m.n. 'minderheden' zoals vrouwen verantwoordelijk zijn voor die afdelingen en daarmee dus geen 'executiekracht' hebben. (sterker nog: bij reorganisaties lijken de 1e klappen te vallen bij de ondersteunende afd.....).

Meer vrouwelijke commissarissen, maar nog onvoldoende Inclusiviteit, concludeerde Het FD columnist Maartje Laterveer eerder deze maand over de bestuurskamers in ons land.

Ook de SER is zich er van bewust dat inclusiviteit een belangrijke rol speelt bij de implementatie van een diversiteit quotum:

"Naast diversiteit wordt in de literatuur ook veel gesproken over inclusie. Diversiteit en inclusie zijn geen synoniemen. Inclusie heeft betrekking op het vermogen van een organisatie om een cultuur te scheppen waarin elke werknemer zich gewaardeerd en gerespecteerd voelt."

Om nu (toch) tot Actie over te gaan, adviseert de SER in de brochure 'Meer diversiteit op de werkvloer en in de top Gewoon een kwestie van doen werkgevers:

> ➢ Commitment van de top: Het is belangrijk dat de top van de organisatie de noodzaak en urgentie van diversiteitsbeleid voelt, uitdraagt en de verantwoordelijkheid daarvoor hoog in de organisatie belegt.
> ➢ Verankering in het organisatiebeleid: Voor duurzame resultaten is het belangrijk dat diversiteitsbeleid vast onderdeel wordt van het reguliere strategische en HR-beleid. Daarmee hangt diversiteit niet af van een paar toegewijde mensen.
> ➢ Inzicht in de eigen organisatiecultuur: Om te kunnen werken aan een inclusieve bedrijfscultuur is het van belang kennis en inzicht te vergroten bij leidinggevenden over de geschreven en ongeschreven regels binnen in uw bedrijf en hoe (verschillend) medewerkers die beleven.

Deze adviezen zien we vaker bij een voorgestelde organisatieverandering. Los daarvan, dat laatste, het veranderen van je organisatiecultuur om (meer) diversiteit resp. meer culturele diversiteit in je organisatie, en dat niet alleen in de bestuur-/directiekamer (NB; zo kan het voor besturen/directies een cultuurschok zijn: executiekracht bij een 'minderheid') maar ook op de werkvloer, mogelijk én succesvol te implementeren, zal een forse uitdaging zijn voor je van mogelijk 'een lange adem'; niet onmogelijk, maar toch.

Resteert, voor nu, het advies van het CIPD voor ieder van je organisaties:

"A discussion of the pros and cons of quotas should be preceded by a consideration of why equal opportunities, diversity and inclusion are desirable in the first place."

Bron voor dit artikel is mijn 'andere' blog:
https://willemscheeperss.wordpress.com

Tot slot, opnieuw is er geen onderzoek gedaan onder vrouwen of zij zelf ook een topfunctie ambiëren en met deze ambitie hun bijdragen willen leveren aan het realiseren van dit quotum…..

Amelia is nu beschikbaar op de Arbeidsmarkt! Ook handig: Amelia is Kunstmatig Intelligent.

Amelia kan een handleiding van 300 pagina's in 30 seconden doornemen, 20 talen spreken en duizenden oproepen tegelijk verwerken. Amelia werkt op de online en telefonische helpdesks bij SEB, de Zweedse bank. Blond en blauwogig, ze heeft een zelfverzekerde houding die verzacht wordt door een lichtjes zelfbewuste glimlach. Amelia werkt ook in Londen voor de Borough of Enfield en in Zürich voor UBS; aldus The Wall Street Journal. Amelia is 24/7 beschikbaar. Om vrije dagen, vakantie e.d. vraagt ze niet. Agile is zij al ruim voldoende van zichzelf. Afwezigheid i.v.m. trainingen is niet nodig, je geeft haar 'gewoon' een update. Sterker nog: vanuit het principe van 'machine leren', ontwikkelt zij zichzelf. Vandaar: de financiële investering in Amelia wordt met de dag interessanter. Binnen afzienbare tijd communiceer jij (….), maar iig je klanten ook met Amelia c.s.

Op zich is het fenomeen van chatbots niet nieuw (NB: Amelia is méér dan een chatbot). Zo 'sprak' ik vorige week een chatbot van Bol.com die informeerde of ik tevreden was over een recente aankoop, De Bourgondiërs van Bart van Loo, waarom ik tevreden was en of ik het boek zou aanbevelen? Victoria's Secret is één van de bedrijven die al meerdere jaren communiceert m.b.v. een interactive voice response systeem. Het systeem droeg voor hen duidelijk bij aan klantgerichtheid: de klant werd snel geholpen, Victoria's Secret leverde het een (aanzienlijke) besparing op. Inmiddels is dat ivr systeem van Victoria's Secret getransformeerd in PINK a messaging platform. Opvallend is dat nog lang niet alle bedrijven zichzelf bewust lijken te zijn van deze effectieve, efficiënte communicatie alternatieven, zoals bijv. de Belastingdienst dat niet is.

"Er zijn relatief weinig werknemers die worden geraakt door automatisering: na vijf jaar verlaat ongeveer 8 procent het bedrijf als gevolg daarvan. Ongeveer 9 procent van de werknemers werkt in een bedrijf dat flink investeert in automatisering, zoals robots." meldt het Centraal Plan Bureau zojuist in het rapport "Automatic Reaction: What Happens to Workers at Firms that Automate?, een empirische analyse van microdata over bedrijven en hun werknemers over de periode 2000 – 2016".

Het laatste citaat uit het persbericht zegt meer dan het 1e citaat: als je werkgever in de genoemde periode (NB; d.i. dus een terugblik) niet tot nauwelijks investeerde in disruptieve technologieën w.o. robotica, dan is de kans idd klein dat dit vervolgens jouw werk, jouw functie beïnvloedde. De reactie in de media op dit CPB rapport, 'schade door robot gering' (m.u.v. je salaris), doet denken aan de reactie op het rapport dat de Wetenschappelijke Raad voor het Regeringsbeleid eind 2015 de wereld instuurde 'Invloed Robot op Arbeidsmarkt valt mee'. Als je dat rapport daadwerkelijk doornam, dan kwam je tot de conclusie: 'het valt mee omdat we niet in robotica investeren…'. Dat risico is met dit CPB rapport nu opnieuw aanwezig, we kijken daarin terug en nauwelijks vooruit: 'Investeren? Niet nodig.', zou mening manager/bestuurder kunnen concluderen.

V.w.b. het creëren van nieuwe, nu nog onbekende, banen c.q. functietitels, blijft het CPB positief: "Onze resultaten betekenen niet dat automatisering per saldo tot baanvernietiging leidt. De literatuur laat al zien dat automatisering kan leiden tot een toename van de werkgelegenheid op het niveau van de hele economie, zolang de productiviteit maar genoeg toeneemt. Het is dus goed mogelijk dat de directe effecten op baanverlies die wij hier observeren, op een andere plek in de economie, mogelijk zelfs deels in dezelfde sector, worden gecompenseerd met baancreatie." Die positiviteit deel ik. Maar dat betekent dan dat we dienen te investeren, dringend zelfs. Of zoals tijdens het WEF19 in januari werd opgemerkt: "Voor 2022 dient 54% van de medewerkers te worden om- of bijgeschoold."

De Wereldbank publiceerde recent het rapport The Changing Nature of Work. Conclusie van de onderzoekers: disruptieve technologieën hebben invloed op maatschappij, samenleving, arbeidsmarkt "And yet technology provides opportunities to create new jobs, increase productivity, and deliver effective public services. Through innovation, technology generates new sectors and new tasks." Mooi.

Het advies van de Wereldbank is vervolgens 'in lijn' met dat van het WEF: "Investeren in menselijk kapitaal heeft momenteel de hoogste prioriteit om optimaal te kunnen profiteren van zich snel ontwikkelende economische kansen. Drie soorten vaardigheden worden steeds belangrijker in arbeidsmarkten:

> - geavanceerde cognitieve vaardigheden, zoals complexe probleemoplossing,
> - sociale vaardigheden zoals teamwork,
> - en persoonlijke vaardigheden zoals aanpassingsvermogen, (kunnen) redeneren en zelfeffectiviteit.

Investeren in deze vaardigheden legt een sterke basis onder human capital en voor een leven lang leren."

Amelia, binnenkort is zij je nieuwe collega. Wie weet word jij door haar gestimuleerd jezelf continue te ontwikkelen. Overigens, wacht met je ontwikkeling niet op je baas, als die te lang blijft twijfelen, dat doet Amelia ook niet.

Robot devalueert de Waarde van je Diploma in rap tempo.

'Momenteel voer ik nog zelden een operatie uit. Daarbij voel ik mezelf zeker oncomfortabel want ik dreig het vak te verleren, ik weet nauwelijks nog hoe ik een mens opensnijd.' In de docu 'Do You Trust this Computer' zien we een chirurg die jaarlijks m.b.v. de DaVinci robot ca. 150 operaties verricht. Persoonlijk is hij héél tevreden met deze 'ondersteuning' maar de keerzijde van deze efficiëntie is dat hij daarmee zijn praktijkervaring verliest.

Je kan een diploma hebben als arts, als specialist in een ziekenhuis, maar dat betekent nog niet dat je daarmee ook over voldoende praktijkervaring beschikt c.q. blijft beschikken om vervolgens succesvol behandelingen te kunnen uitvoeren. Dat risico bestaat voor ervaren artsen als deze chirurg, maar vervolgens ook bij artsen in opleiding: bij wie kunnen zij nog praktijkervaring opdoen als de 'specialist' zelf niet eens meer weet wat handwerk is?

Als arts in opleiding, of wie dan ook in opleiding voor een nieuwe c.q. 1e baan, deed je tijdens je studie praktijkervaring op door mee te kijken/handelen met ervaringsdeskundigen. Nu die ervaringsdeskundigen steeds vaker worden ondersteund door robotica, kunstmatige intelligentie, machine leren, is 'een extra paar (mensen) handen', zoals van een arts in opleiding, overbodig. Kijk je naar het functioneren van de DaVinci robot in een operatiekamer, dan kun je constateren dat artsen in opleiding hier alleen maar in de weg lopen. Overigens, Y. Harari constateerde al dat het beroep van arts/specialist onder druk komt te staan.

Volgens sociaal wetenschapper en Univ. van California prof. Matthew Beane doen artsen in opleiding 10 – 20 keer minder praktijkervaring op nu robotica de operatiekamer overneemt: "I found that learning surgery through increasing participation using approved methods worked well in traditional (open) surgery, as current literature would predict. But the radically different practice of robotic surgery greatly limited trainees' role in the work, making approved methods ineffective." De bestaande methoden om kennis over te dragen voldoen niet meer.

"De robotarm wordt de meester, ik duw gewoon op de arm en de arm snijdt alleen daar waar het past bij dat wat ik op mijn 3D-model heb gemaakt." Anthony Adili, chirurg bij het Canadese St. Joseph's Healthcare ziekenhuis.

In recent onderzoek ontdekte prof. Beane dat bij hooggekwalificeerde beroepen – zoals bij gezondheidszorg, rechtshandhaving, bankieren en meer – deze vroege fase van toegepaste kunstmatige intelligentie en robotica op de werkplek jonge professionals onvoorbereid laat voor hun nieuwe baan. Niet alleen lopen deze jongeren, soms letterlijk, in de weg op deze nieuwe werkplek. De 'deskundigen' waarvan zij de praktijk dienen te leren verliezen hun vaardigheden e/o deze 'specialisten' hebben zelf nog te weinig ervaring met disruptieve technologieën zodat zij nauwelijks in staat zijn die ervaring effectief over te brengen.

Daarbij: "Training van jongeren kan ons werk vertragen,"stelt chirurg Jonathan Silberstein. "Het kan veel tijd aan een operatie toevoegen. Het verhoogt zeker mijn stressniveau, mijn bloeddruk, het aantal grijze haren dat ik heb. Maar het is wel onze taak als artsen die deze verantwoordelijkheid hebben aanvaard om de volgende generatie op te leiden. "

Beane komt met het voorbeeld uit de operatiekamer waarbij 'resident' het equivalent is voor 'arts in opleiding':

"In surgery, you need four hands — the surgeon's own, plus those of a resident to pull and hold once an incision is made. Even six hands may be required — a second resident.

But with DaVinci, the standard operating room robot, surgeons can manage procedures alone with hand and foot controls — and Beane found they typically do, mostly with the objective of efficiency and reducing mistakes.

"So the resident gets 10 to 20 times less practice. Most residents by and large leave without knowing how to use this tool. They are licensed to use it, but not practiced."

Intussen zit de arts in opleiding (toch) niet stil en gaat 'schaduw leren'. Dat betekent dat op eigen initiatief o.m. You Tubes worden geraadpleegd om zo op z'n minst enige kennis over het vak op te kunnen doen. De arts in opleiding heeft uiteindelijk de licentie, het diploma, maar niet de praktijkervaring die daar, ook al is het basaal, bij hoort alvorens het diploma wordt uitgereikt. Neemt het onderwijs dit niet mee, dan is het diploma dat zij uitreiken al snel in waarde gedevalueerd.

Benjamin Shestakofsky, professor aan de Univ. van Pennsylvania heeft een vergelijkbare ervaring:

"A San Francisco startup that, while creating a jobs website, outsourced contact with customers; AI. No one at the company learned the core competency of using personal diplomacy to bring a blockbuster product to market. When you are creating something, customers using it are likely to have all sorts of reactions that the designers didn't anticipate. It's a real skill in large part learned on the job — how to interact with people."

Hetzelfde gebeurt met laaggeschoolde beroepen. In de komende jaren kunnen robots, disruptieve technologieën de banen van tienduizenden logistiek- en andere medewerkers overnemen. Maar tot nu toe zijn er maar weinig medewerkers opgeleid als specialisten om samen te kunnen werken met de robots.

Matthew Beane stelt dat dit echter een probleem van de korte termijn is "Many of the very advanced surgeons at top institutions that I talked to say surgery definitely has a half-life. In 50 years we're going to look back and be like, What? You wounded someone to try to heal them? What?" Tegen die tijd beschikken we in de gezondheidszorg over niet-invasieve oplossingen zoals nanobots, aldus Beane.

Tot die tijd, wij hebben tenslotte toch nog een generatie aan medewerkers te gaan, helpt wellicht het op deze thema's gericht investeren in je medewerkers.

Zondag 170319, 06.00u Start een Man met een Missie.

Onze fundamentele overtuigingen zijn: initiatief, gelijkheid, vertrouwen. Onze Missie is: `Driven by its dreams and reflecting its values, HONDA will continue taking on challenges to share joys and excitement with customers and communities around the world to strive to become a company society wants to exist.` Interessant te zien, het komende F1 seizoen, hoe een jonge Nederlander opereert onder een aloude Japanse filosofie: continue verbeteren.

Max Verstappen is in dienst bij Red Bull Racing, een werkgever met een sponsor die er v.w.b. de investering in jong talent ook een specifieke filosofie op na houdt: "Competitie vanaf de start.". RBR wordt geroemd om de technische know how, maar uiteindelijk zal de motor in Verstappens' RB15 een cruciale rol spelen in de doelstelling zoals bepaald door Red Bull's Helmut Marko: "Verstappen Wereldkampioen maken in 2019!"

Mooie uitdaging, een uitdaging waarvan de succevolle combinatie Verstappen/HONDA aan de basis staat. Niet alleen optimale techniek maar ook alignment van medewerker Max Verstappen met de Missie van hier m.n. HONDA kan daarbij de doorslag geven (NB: met Renault wilde alignment niet zo goed lukken).

"Strategic alignment is het proces van het waarborgen dat alle aspecten van je organisatie zijn afgestemd op de realisatie van de organisatiestrategie. Dit betekent dat het bedrijf operationeel in staat is om conform haar 'Missie' producten/diensten te leveren. Strategisch is het management van het bedrijf in staat te handelen naar de 'Visie'. Strategic alignment is 'de lijm' voor het team dat beter presteert dan 'de rest." Bron: Strategic Alignment het zit in de mensen, niet in het papier.

"Clear visibility among corporate, employees' and supervisors' goals leads to sharply improved financial results. It's more important than ever for managers to keep their employees in line with overall company strategy. In a fiercely competitive environment, businesses need their hyper-connected workers to focus their collective brainpower on reaching key milestones, generating a steady stream of insights and ideas along the way." Bron: How Employee Alignment Boosts the Bottom Line.

"A fiercely competitive environment", daarover kun je zeker spreken binnen het uitzonderlijk competitieve F1 'circus'.

"The HONDA Philosophy consists of Fundamental Beliefs (including "Respect for the Individual" and "The Three Joys"), the Company Principle, and Management Policies. This philosophy is not only shared by all associates, but also forms the basis for all company activities and sets the standard for the conduct and decision-making of all associates throughout the HONDA Group." Bron: HONDA Philosophy.

HONDA's fundamentele overtuigingen:

Initiatief: "Initiatief betekent niet gebonden te zijn aan vooropgezette ideeën, maar creatief te denken en op eigen initiatief en oordeel te handelen, terwijl je begrijpt dat je verantwoordelijkheid moet nemen voor de resultaten van die acties."

Gelijkheid: "Gelijkheid betekent individuele verschillen in elkaar herkennen en respecteren en elkaar eerlijk behandelen. Ons bedrijf is toegewijd aan dit principe en aan het creëren van gelijke kansen voor elk individu. Het ras, geslacht, leeftijd, religie, nationale afkomst, opleidingsachtergrond, sociale of economische status van een individu heeft geen invloed op de kansen van het individu."

Vertrouwen: "De relatie tussen medewerkers bij HONDA moet gebaseerd zijn op wederzijds vertrouwen. Vertrouwen wordt gecreëerd door elkaar als individuen te herkennen, te helpen waar anderen tekortschieten, hulp te aanvaarden waar we gebrekkig zijn, onze kennis te delen en een oprechte inspanning te leveren om onze verantwoordelijkheden te vervullen."

HONDA's Three Joys:

- The Joy of Buying
- The Joy of Selling
- The Joy of Creating

HONDA's team heeft er merkbaar zin in.

Intussen de (zeer) nuchtere Nederlander Max Verstappen, die overigens van zijn start bij Red Bull Racing direct een succes maakte: ""We hebben een enerverend nieuw partnership met HONDA, dat dit weekend echt begint. We hadden in Barcelona een positieve start, maar moeten de verwachtingen realistisch houden: we hebben een groot gat te dichten richting Mercedes en Ferrari, maar we zijn ervan overtuigd dat ons dat gedurende het jaar lukt. Met ons coureurs duo en een sterk team, kijk ik ernaar uit om hier in Melbourne van start te gaan."

Let the games commence......

Realisatie Zandvoort DutchGP dankzij Familiebedrijven.

Op zich niet verrassend dat juist familiebedrijven als Heineken, Jumbo, Pon, Volkers Wessels, Talpa, Van Oranje, de DutchGP sponsoren c.q. als interessant commercieel uithangbord zien.

Managen en Leiden Pre-Corona, over Leren (en Afleren).

Familiebedrijven hebben 'iets' met historie, traditie, hun oorsprong, en daarin past 'Zandvoort'. Daarnaast spelen er natuurlijk ook commerciële belangen.

Of het Formule 1 circus ook voor anderen commercieel interessant kan zijn, is met de 1e advertentie op Booking.com al beantwoord: "Tweekamerappartement 'Strandzicht Zandvoort' is voor het weekend van vrijdag 1 tot en met zondag 3 mei 2020 beschikbaar voor €12.500." Het is, ook hier, aan te raden er snel bij te zijn…..

"It's no surprise that for the world's most famous beer from The Netherlands, Zandvoort has a special place in our hearts and we are very pleased with this 'home game'." stelt Heineken. "Jumbo vindt het als trotse sponsor van Max Verstappen geweldig dat er een officiële Dutch Grand Prix naar Nederland komt. De Jumbo Racedagen die we samen met Max Verstappen organiseren zijn een groot succes en ze worden erg gewaardeerd door onze klanten. We zijn blij dat wij op deze manier hebben kunnen bijdragen aan de groeiende populariteit van de autosport in Nederland. Jumbo gaat dus zeker ook onderdeel uitmaken van de Dutch Grand Prix!" aldus Jumbo.

Volker Wessels: "De Dutch Grand Prix wordt een evenement waar innovaties, technologie en realisatie op het hoogste niveau en op een wereldpodium bij elkaar komen. Wij zijn trots om als partner van de Dutch Grand Prix het circuit, telecommunicatie en overige infrastructuur op een niveau te brengen wat past bij een evenement van dit kaliber." Talpa: "Talpa Network is een trotse partner van Formule 1 Heineken Dutch Grand Prix. Wij willen eraan bijdragen dat zoveel mogelijk Nederlanders kunnen genieten van de Formule 1 in Zandvoort, de meesterlijke prestaties van de teams en natuurlijk in het bijzonder Max Verstappen."

Familiebedrijf Pon heeft zelfs een historische link met de Grand Prix in Zandvoort. "Ben Pon nam in 1962 als Formule 1-coureur deel aan de Grand Prix van Nederland. De tribune naast de hoofdtribune langs de start/finish van het circuit zal tijdens de Dutch Grand Prix tot 'Ben Pon tribune' worden gedoopt."

De familie Van Oranje, hier vertegenwoordigd door Bernhard van Oranje als eigenaar van Circuit Zandvoort: "De missie van prins Bernhard van Oranje is geslaagd. De Formule 1 keert definitief terug naar Circuit Zandvoort. Het management van de koningsklasse in de autosport heeft een driejarige overeenkomst gesloten met de Nederlandse promotors voor het houden van de Dutch Grand Prix."

Last but not least de familie Verstappen, hoewel geen direct investeerder hebben zij een cruciale aanzet gedaan om überhaupt tot deze DutchGP te kunnen komen. Een aanzet die serieuze vormen aannam op zondag 15 mei 2016, de memorabele dag dat Max Verstappen voor het eerst in een Red Bull plaatsnam en in Barcelona direct de overwinning opeiste. Max Mania nam de multimedia vervolgens over, the Orange Army was geboren. "In recent years, we've seen a resurgence of interest in Formula 1 in Holland, mainly due to the enthusiastic support for the talented Max Verstappen, as seen from the sea of orange at so many races. No doubt this will be the dominant colour in the Zandvoort grandstands next year." aldus Chase Carey, Chairman and CEO, Formula 1. Mooie woorden maar de Formula 1 eigenaren zullen de DutchGP toch vooral zien als een interessante money maker. Iedereen 'trots en blij', dus.

Jumbo is er al in geslaagd om van het merk 'Max Verstappen' optimaal te profiteren. Pon wil met het beschikbaar stellen van een groot aantal Gazelle's niet alleen de mobiliteit in dat topweekend verzorgen, maar ook de verkoop van hun fietsen een push geven. Het is hier niet nodig in te gaan op het nuttigen van Heineken door de 200.000 bezoekers die er worden verwacht. Zo hebben al deze familiebedrijven daarmee ook een motivatie om te kunnen voldoen aan de 1e Gouden Regel van het Familiebedrijf: 'Familiebedrijven zijn zuinig, zowel in goede als in slechte tijden'. Investeren is mooi, maar het mag ook geld opleveren. Aan de andere kant: Circuit Zandvoort heeft met familiebedrijven ook loyale investeerders binnengehaald: lange termijn. Bancaire financiering, aandelen c.q. obligaties, zijn bij iets specifieks als dit, niet aan te raden.

"Familiebedrijven zorgen voor cohesie van de gemeenschap. Wanneer rekening wordt gehouden met de inbedding van bedrijven kan niet alleen hun levensvatbaarheid beter worden gewaarborgd, maar kunnen ook de bestaande omgeving en economie structureel worden versterkt. Zeker door de familiebedrijven, die een belangrijke economische en maatschappelijke functie vervullen. De verantwoordelijkheid van familiebedrijven voor hun directe omgeving is groot, dit is namelijk ook van invloed op hun (klein)kinderen." signaleerde in 2006 ruimtelijk econoom Maikel Gijzen. Lezen we de extra motivatie van de hier betrokken familiebedrijven, dan sluit dat aan op Gijzen's bevindingen.

Uiteraard mag er binnen 1 jaar tijd nog veel worden gerealiseerd, sportief directeur Jan Lammers heeft er alle vertrouwen in. (zeer) Waarschijnlijk vindt hij meer familiebedrijven bereid hieraan 'een steentje bij te dragen'.

89% van je Medewerkers vindt zichzelf deel van je Team maar voelt zich Niet Volledig Betrokken; wat te doen?

Feitelijk zijn de cijfers uit het onderzoek van het ADP Research Institute i.s.m. Harvard, 19.000 medewerkers wereldwijd, nog schokkender: als je medewerkers zichzelf géén deel voelen van het team dat je organisatie is c.q. vormt, dan bedraagt het percentage 'niet volledig betrokkenen' zelfs 98% (NB; 2% voelt zich dan 'volledig betrokken'). Dan zijn er volgens Gallup onder je 'niet volledig betrokken medewerkers' ook nog enkele 'actief niet betrokken medewerkers': zij zijn niet alleen niet blij met hun werk c.q. hun werkgever, zij zijn ook nog eens druk bezig hun ontevredenheid aan iedereen te laten merken. Iedere dag ondermijnen zij daarmee het werk van hun collegae, hun organisatie. In 2013 bepaalde Gallup voor Nederland het percentage 'actief niet betrokken medewerkers' op 11%. (NB; de 5 niveaus zijn: actief niet betrokken, niet betrokken, betrokken, niet volledig betrokken, volledig betrokken)

Daarom: engagement, betrokkenheid van medewerkers, veel werkgevers zijn daarin geïnteresseerd maar de vraag is steeds: wat kun je vervolgens doen om die betrokkenheid te verhogen? Weinig, of zoals de onderzoekers van ADP/Harvard stellen: "We waarschuwen leidinggevenden bij het uitvoeren van dergelijke enquêtes: ze vertellen u misschien te weinig over uw medewerkers om daarop vervolgens gericht actie te kunnen ondernemen." Het effectief meten van betrokkenheid is lastig, acties daarop uitvoeren nog lastiger.

Eén van de redenen waarom het zo lastig is 'betrokkenheid' te meten is dat er geen universele definitie is van het begrip 'betrokkenheid' zoals dat van toepassing is of kan zijn op medewerkers. Een andere reden is dat terwijl met 'betrokkenheid' is aangetoond dat dit enige binding heeft met de prestaties van de medewerker (bijvoorbeeld absenteïsme, omzet, prestatiebeoordelingsscores, zelfrapportages over prestaties), deze verbanden slechts een klein deel uitmaken van de verschillen in de prestaties van individuen. Ieder van je medewerkers is een individu met zijn/haar aardig- en eigenaardigheden. Oplossingen aandragen voor het collectief garandeert (zeker) niet dat je ooit 100% betrokkenheid scoort.

De onderzoekers: "We weten dat medewerkers meer gemotiveerd en betrokken zijn wanneer zij vinden dat hun baan cruciaal is voor het succes van hun werkgever of dat zij daarmee bijdragen aan de samenleving, wanneer hun leiders hen ondersteunen en wanneer zij nieuwe dingen kunnen leren en uitproberen. Maar het veranderen van die factoren – en daarmee de betrokkenheid en motivatie vergroten – is duivels moeilijk te doen." Of zoals prof. Rob Briner, de man achter Evidence Based Management, stelt: "De vraag is of op de langere termijn deze aanpak om de betrokkenheid van de medewerkers te vergroten, ten goede komt aan de organisatie en dat op een duurzame manier. Mijn gok is dat het dat niet doet." The Future of Engagement: Thought Piece Collection.

Maar toch: volledig en actief betrokken "Dit zijn de medewerkers die het meest waarschijnlijk een positieve bijdrage leveren aan je bedrijf, of het nu gaat om het aantrekken en behouden van nieuwe klanten, het stimuleren van innovatie, of simpelweg het verspreiden van hun positiviteit naar collega's." Gallup (2013). Lukt dit je niet met 100% van je medewerkers, volledige betrokkenheid, dan wil je op z'n minst het percentage van 11%, resp. 2%, verhogen; toch?

Er is veel, heel veel, of zoals Briner stelt 'teveel', onderzoek gedaan naar engagement. De onderzoekers van ADP/Harvard voegen er iig een nieuwe dimensie aan toe nl. 'het Team' als factor van invloed op de betrokkenheid van je medewerkers: The Power of Hidden Teams, the most-engaged employees work together in ways companies don't even realize. " Het meeste werk – in elke branche, in elke regio van de wereld en op elk niveau in een organisatie – is in feite teamwerk; 83% van de medewerkers zegt dat ze het grootste deel van hun werk in teams doen. Het team is de realiteit van je werkervaring. Je hebt verantwoordelijkheden die lijken te zijn verbonden met de verantwoordelijkheden van andere mensen; je hebt sterke punten die lijken te worden aangevuld met die van anderen. De kwaliteit van deze teamervaring is de kwaliteit van je werkervaring." In dit engagement onderzoek ligt dan ook de nadruk op team(verbondenheid).

Interessant is vervolgens dat de onderzoekers tot de conclusies komen dat mensen die flex c.q. virtueel aan je organisatie verbonden zijn zichzelf toch of ook deel kunnen voelen van je team. Sterker nog: de betrokkenheid van deze flex c.q. virtuele medewerkers is groter dan die van de medewerkers die naar je kantoor komen. Op zich niet verrassend: als van nature willen mensen bij een groep horen, werk je vooral solitair dan kan die behoefte groter zijn.

"Though feeling like you're on a team is fundamental to engagement, it's true that some teams are far more engaging than others." Wat maakt dan dat sommige teams bijdragen aan een hogere betrokkenheid? Op welke manier kun je 'team' c.q. teams inzetten om de betrokkenheid van je medewerkers te vergroten? De onderzoekers:

1. Focus op vertrouwen in de teamleider en op onderling vertrouwen;
2. Vorm teams, en het samenwerk van teams, op een manier dat er ook ruimte is voor menselijke aandacht;
3. Leer en ontwikkel samen;
4. Plaats de teamervaring boven de team locatie;
5. Breng flexibiliteit in, in de manier van werken.

En hier zien we het Kerndoel van Teams: ze zijn de beste methode die wij mensen ooit hebben bedacht om de kracht van ieder individu volledig te kunnen benutten. We weten dat het veelvuldig gebruik van sterke punten van individuen tot hoge(re) prestaties leidt, maar we weten ook dat sterke punten van persoon tot persoon verschillen.

Hoog functionerende/presterende teams (HPO) zijn essentieel voor een goed functionerende organisatie, omdat ze meer mogelijkheden creëren voor ieder individu/ieder teamlid om zijn of haar sterke punten te gebruiken door de taken die aan het team worden aangeboden te verdelen op basis van de aangeboden individuele sterktes van de verschillende teamleden. Teams transformeren vreemde en uitzonderlijke zaken resp. gebeurtenissen tot een uitdaging. Teams zijn een mechanisme voor het integreren van de behoeften van het individu met de behoeften van de organisatie. Als we dat mechanisme goed kunnen laten functioneren, lossen we veel problemen op.

Om uiteindelijk onze medewerkers, onze mensen volledig betrokken te laten zijn, dienen we onze teamleiders helpen in te laten zien dat zij onze zeldzame vormers zijn, onze eigenzinnige kwekers van talent. Dat zij, als teamleider, de belangrijkste taak hebben in onze bedrijven nl. betrokkenheid van medewerkers creëren en dat alleen zij dat kunnen doen. Aldus de onderzoekers in The Power of Hidden teams.

Een Man Werkt, een Vrouw Hobbyt en dat terwijl Vrouwen Betere Leiders zijn…..

"In Nederland hebben we het beeld dat de man hoofdkostwinner is en dat de vrouw er maar een beetje bij hobbyt. Dat wordt ook algemeen geaccepteerd." Dit lijkt de meest pijnlijke conclusie uit het deze week gepubliceerde rapport 'Beloningsverschillen M/V aan Tilburg University'.

Dat vrouwen niet kunnen onderhandelen over hun beloning is hier, gelukkig, achterhaald. Maar het feit dat een vrouw binnen TiU gemiddeld (NB; het bedrag kan oplopen tot € 372/mnd) € 175/mnd minder ontvangt dan een mannelijke collega in een gelijkwaardige functie, wordt veroorzaakt omdat de perceptie aan de andere kant van de onderhandelingstafel is dat een vrouw hobbyt en een man werkt. En voor werk betaal je tenslotte meer dan voor een hobby…..

Pijnlijk. Laten nu ook deze week Jack Zenger en Joseph Folkman komen met resultaten uit onderzoek naar de verschillen in leiderschapsvaardigheden tussen mannen en vrouwen. Conclusie van de onderzoekers: "Vrouwen scoren hoger dan mannen in de meeste leiderschapsvaardigheden." Je vraagt je dan toch af: is leidinggeven nu werk of kan het ook een hobby zijn?

Dat laatste gaat natuurlijk 'te snel door de bocht', beide onderzoeken kan ik niet zomaar aan elkaar verbinden. Maar toch: in 2011 constateerde Gary Hamel (al) dat 'managen de minst efficiënte activiteit is in je organisatie', geen echt 'werk' dus. En dat geldt voor veel hobby's ook: leuk, maar nauwelijks efficiënt en effectief.

Toch maar terug naar Zenger & Folkman (hierna Z&F): beiden deden in 2012 (al) onderzoek naar mogelijke verschillen in leiderschapsvaardigheden tussen mannen en vrouwen en vroegen zich daarbij af "Are Women Better Leaders than Men?" Conclusie: ja! Deze uitslag heeft de vrouwen binnen TiU helaas niet geholpen of de resultaten van dit onderzoek hebben de bestuurskamer niet gehaald; een hobby, dat besturen. Maar dat geldt niet alleen voor hen.

Z&F constateren nl. dat "For the first time in history, a major political party in the United States has several women who have declared their candidacy to be their party's presidential nominee. But TV pundits have been questioning whether, despite the progress indicated by the huge influx of women elected into Congress last fall, the U.S. is ever going to elect a woman to the country's highest leadership position." Meer vrouwen dan ooit gaan in de komende verkiezingen voor het presidentschap van de VS, toch twijfelen analisten aan hun vaardigheden. Deze constatering was voor Z&F, zij waren verbijsterd, aanleiding hun eerdere onderzoek uit 2012 te heropenen.

"We recently updated that research, again looking at our database of 360-degree reviews in which we ask individuals to rate each leaders' effectiveness overall and to judge how strong they are on specific competencies, and had similar findings: that women in leadership positions are perceived just as — if not more — competent as their male counterparts."

De onderlinge verschillen zijn opvallend, de functieverschillen ook; lees event. ook nog eens Niet Competentie maar Incompetentie wordt Beloond, zeker als het gaat om Mannen…. De entry waarin ik onderzoek aanhaal van Tomas Chamorro-Premuzic. In de TedX Talk (YT) bij deze entry geeft Alexis Kanda-Olmstead het publiek een raadsel, kijk eens of je de oplossing weet.

Interessant is ook de constatering die Z&F doen v.w.b. het persoonlijk inschatten van je leiderschapsvaardigheden in relatie tot leeftijdsverschillen: "Wanneer we de betrouwbaarheidsverhoudingen voor mannen en vrouwen vergelijken, zien we een groot verschil in die onder de 25 jaar. Het is zeer waarschijnlijk dat die vrouwen veel competenter zijn dan ze denken dat ze zijn, terwijl de mannelijke leiders te zelfverzekerd zijn en aannemen dat ze competenter zijn dan zij zijn (zie ook Alexis Kanda-Olmstead). Op 40-jarige leeftijd komen de vertrouwensbeoordelingen samen. Naarmate mensen ouder worden neemt hun vertrouwen over het algemeen toe; verrassend genoeg zien we het vertrouwen van mannen in de leeftijd van 60 jaar afnemen, terwijl het vertrouwen van vrouwen toeneemt."

In het HBR artikel "Research: Women Score Higher Than Men in Most Leadership Skills" concluderen Z&F: "Bestuurders, eindverantwoordelijken moeten goed kijken naar dat wat de bevordering van vrouwen in hun organisaties in de weg staat. Het is duidelijk dat het onbewuste vooroordeel dat vrouwen niet thuishoren in eindverantwoordelijke posities hier een grote rol speelt. Het is van het grootste belang dat organisaties de manier wijzigen waarop ze wervings- en promotiebeslissingen nemen en ervoor zorgen dat voor een leidinggevende positie in aanmerking komende vrouwen serieus worden overwogen.

Degenen die die beslissingen nemen, dienen even te pauzeren en zichzelf af te vragen: "Gaan we bezwijken onder onbewuste vooringenomenheid? Geven we automatisch een knipoog naar een man als er een even bekwame vrouw beschikbaar is?". Maar er ligt hierin ook zeker een rol voor de talentvolle vrouwelijke kandidaten, of zoals Sheryl Sandberg hen adviseert Lean In!.

Vooringenomenheid c.q. een vooroordeel, dat lijkt er ook te zijn binnen de TiU: "een man werkt, een vrouw hobbyt". Waarbij ik de stelling aandurf dat v.w.b. dit vooroordeel TiU zeker niet de enige, potentiële, werkgever zal zijn; helaas.

CEO VDL Groep Willem van der Leegte: 'de 4e Industriële Revolutie vraagt om Investeren in Medewerkers'.

"Hij noemt het de uitdaging van de eeuw: hoe kan iedereen in het bedrijf mee binnen de 'vierde industriële revolutie', de verdere automatisering en robotisering? Bedrijven willen de concurrentiepositie behouden en innoveren. Eenvoudiger werk is makkelijk te automatiseren. Daarmee dreigt een grote groep medewerkers aan de zijlijn te komen staan. Die werknemers moeten worden bijgeschoold, of een ander vak gaan leren. 'Maar dat is vaak ook een groep die meer moeite heeft met het volgen van onderwijs.'" 'Hij' is Willem van der Leegte jr, CEO van de VDL Groep, in gesprek met Het Financieele Dagblad.

VDL groep kent een omzet van €6 miljard en draait met 17.000 medewerkers prima. VDL Groep is al gestart met het investeren in hun medewerkers. Zo is er een klas opgericht voor lassen en voor mechatronica. Later volgt ook een eigen montageklas. "In 2018 zijn er al honderden mensen intern opgeleid", zegt Van der Leegte in Het FD artikel Topman VDL: 'Zolang er wordt gelachen, is er plek voor nieuwe dingen, zoals overnames'.

Dat VDL Groep, een familiebedrijf waarbinnen Willem van der Leegte jr. de verantwoordelijkheid overnam van zijn iconisch vader Wim Van der Leegte, investeert in medewerkers, is op zich al opmerkelijk. Uit recent onderzoek door ECFB, BDO en RABO blijkt nl. dat m.n. familiebedrijven juist (veel) minder investeren in hun medewerkers dan niet-familiebedrijven. Mogelijk dat de regionale arbeidsmarkt binnen Brainport Eindhoven waar VDL Groep het hoofdkantoor heeft, met op die markt sfeer-bepalende concurrenten als de niet-familiebedrijven ASML, NXP, DAF en Philips, VDL Groep meenemen 'in de vaart der volkeren': Investeren!

Volgens ECFB, BDO en RABO in het rapport "Het Familiebedrijf als Werkgever, Winnend Werkgeverschap", met als subtitel 'Investeren in medewerkers leidt tot beter resultaat', zorgen familiebedrijven in Nederland voor 29% van de banen. De conclusie van de onderzoekers: "Anders dan vaak wordt gedacht, investeren familiebedrijven minder in hun werknemers dan niet-familiebedrijven. Ze laten hierdoor soms onnodig kansen liggen en zijn in bepaalde opzichten zelfs te kenschetsen als een 'minder goede' werkgever dan niet-familiebedrijven."

Vorig jaar door Neckebrouck, Schulze en Zellweger gepubliceerd internationaal onderzoek, met de titel 'Are Family Firms Good Employers?', komt voor familiebedrijven tot eenzelfde conclusie: "they pay less, invest less in employee training, have greater voluntary employee turnover, and are less productive than nonfamily firms." Resultaat: 'minder goede werkgevers' resp. 'minder productiviteit' anders gezegd: door niet te investeren, haal je niet uit je medewerkers wat er aan talent inzit c.q. wat er mogelijk zou kunnen zijn.

Anders dan het onderzochte 'reguliere familiebedrijf', blijkt VDL Groep juist wel te investeren in medewerkers. Vandaar ook waarschijnlijk dat Willem van der Leegte zegt dat zijn organisatie 'Prima draait!'. Maar dat neemt zijn zorgen niet weg. Hij stelt: "Het bedrijf moet net zo succesvol worden doorgegeven als wij het van 'ons pa' hebben gekregen." Investeren dus, talent ontwikkelen en talent aantrekken!

Managen en Leiden Pre-Corona, over Leren (en Afleren).

En juist in dat laatste schuilt een cruciale uitdaging, niet alleen voor VDL: "Het tekort aan arbeidskrachten is zorgelijk, de economische groei wordt afgeremd." meldden de media gisteren n.a.v. de UWV Arbeidsmarktprognose 2019-2020,. Dat de economie nu al wordt afgeremd door dit tekort, geldt in versterkte mate voor Brainport Eindhoven. Volgens het Techniekpact gaan in 2020 zo'n 70.000 technici met pensioen, van loodgieters en werkvoorbereiders tot ICT'ers en ingenieurs. Een groot deel van hen is nog ca. 1 jaar werkzaam binnen de regio: Eindhoven.

Dan hebben we het nog niet over de vooruitziende blik van Van der Leegte: "De a.s. 4e industriële revolutie vraagt om investeren in medewerkers." Deze 'revolutie' vraagt daarbij (ook) nog om een investering in disruptieve technologieën. Ontwikkelingen die van invloed zijn, en voorlopig blijven, op de strategie van een organisatie. Overigens, de aandacht voor de 4e industriële revolutie is niet nieuw, net zo min als de ontwikkeling naar een ernstig tekort aan personeel dat is. Die trend is 10 jaar terug (al) in gang gezet.

Er zijn in ons land uitzonderlijk weinig werkgevers die in die afgelopen 10 jaar anticipeerden op ontwikkelingen als het tekort aan personeel, laat staan bedrijven die hun visie ontwikkelden op de 4e Industriële Revolutie, werkgevers die deze ontwikkelingen opnemen in een Strategisch HRM beleid. Eén van die, andere, uitzonderingen is het hier aangehaalde voorbeeld van Erik, die in januari 2018 aan het NOS journaal vertelde dat hij niet weg wilde bij zijn werkgever. Wat bleek: (al) in 2005 stelde zijn werkgever een organisatie ontwikkel plan op om de medewerkers te kunnen behouden door proactief in hen te investeren. Overigens, volgens zijn LI profiel is Erik nog steeds in dienst bij zijn werkgever.

Voor nu heb ik 3 tips voor je:

> ➢ richt je aandacht op het behouden, binden en boeien van
> je medewerkers: investeer in hen. Werving en selectie is
> 'leuk', maar leidt momenteel vooral tot het 'rondpompen
> van talent';
> ➢ stel je strategische (groei)plannen bij zeker als je niet, of
> onvoldoende, in staat bent om nieuw talent aan te trekken
> en bestaand talent te behouden. Medewerkers behoren
> tot je 'strategic capabilities' essentieel om je plannen uit te
> kunnen voeren. Tot de 'strategic capabilities' behoren o.m.
> geld, gebouwen, logistiek, infrastructuur, it, en:
> medewerkers.
> ➢ doe nooit concessies aan de kwaliteit van je product, je
> dienst. Anders is dat het begin van je einde. Overdracht
> van je bedrijf is dan een utopie.

Over Urgentie, over 4 Scenario's voor de Nederlandse Digitaliseringsstrategie 2.0

"We willen digitaal koploper van Europa worden met Nederland als
pionier en proeftuin op het gebied van verantwoorde digitale
innovatie." Aan ambitie ontbrak het niet in de in juni 2018 door de
regering gepubliceerde Nederlandse Digitaliseringsstrategie met als
subtitel 'Nederland digitaal – Hier kan het. Hier gebeurt het'. Deze
strategie kent 2 'sporen': Spoor 1 'Maatschappelijke en
economische kansen benutten', Spoor 2 'Versterken van het
fundament'. Mooi, maar wat ontbreekt in deze strategie dat zijn,
mogelijke, scenario's. Je kan niet uitgaan van dat ene scenario
waarop jij hebt gehoopt: 'koploper worden'. D.i. zoiets als rekenen
op de volledige winst in de Eindejaarsloterij. Dat gaat 'm niet
worden; althans: niet voor iedereen.

Zeker niet 'digitaal koploper worden' door ieder EU land, want NL is
niet het enige EU land dat een 'digitaliseringsstrategie' ontwikkelt.
Het Verenigd Koninkrijk is een ander voorbeeld. Ook de Britse
Overheid houdt hierbij geen rekening met scenario's: 'one way and

that's the high way'. Interessant is nu dat recent The Royal Society for the encouragement of Arts, Manufactures and Commerce aan de Britse Overheid een voorstel doet voor 4 scenario's v.w.b. 'the Future of Work' zodra het over digitalisering gaat. Onder het motto 'beter goed gekopieerd, dan slecht zelf bedacht', is het m.i. leerzaam eens te kijken naar dat wat The RSA voorstelt.

Als je een (organisatie)strategie ontwikkelt, en dan m.n. een strategie die zich richt op een nieuw, voor je organisatie (dus ook voor je Overheid) nog onbekend, 'werkterrein', dan is het op z'n minst handig dat je in je strategie rekening houdt met scenario's. Dat zijn dan minimaal 3 scenario's: 'het gaat volgens Plan', 'het gaat niet volgens Plan' en 'alles er tussenin' (NB; in zijn 'Kunst van het Oorlogsvoeren', houdt Sun Tzu rekening met 9 scenario's). Gaandeweg bij het uitvoeren van de strategie, of 'going concern', vormt het scenario dat de meeste kans van slagen heeft zich steeds duidelijker. Het biedt je de mogelijkheid om tussentijds bij te sturen c.q. om tijdig je (toch) schaarse 'strategic capabilities' optimaal te kunnen inzetten om op die manier toch nog richting het geplande scenario mét einddoel proberen te gaan. Scenario denken, iedereen kent het, nauwelijks iemand doet het; mijn ervaring.

"Europese landen, en in het bijzonder Nederland, zijn digitaal "wakker" geworden. Overal dringt het besef door dat digitalisering een fundamentele impact heeft op de samenleving, economie en de overheid. Eveneens is er het besef dat digitalisering kansen biedt voor welvaart en welzijn, maar ook gepaard gaat met de nodige uitdagingen." is de 1e zin in het zojuist gepubliceerde tussentijds verslag 'Nederlandse Digitaliseringsstrategie 2.0'.

Interessant om er de 1e zin uit het voorwoord van het RSA rapport 'The Four Futures of Work: coping with uncertainties in an age of radical technologies' naast te leggen:

"Vóór de crisis van 2008 was er een veelvuldig herhaald verhaal over globalisering. Het had vier uitgangspunten. Ten eerste is die globalisering een niet te stuiten kracht. Ten tweede dat het winnaars en verliezers zal hebben, de laatsten dienen zich aan te passen of ze gaan ten onder. Ten derde dat de dingen waar mensen om geven, zoals nationaal identiteiten en lokale industrieën, overblijfselen zijn van een afgesloten tijdperk. Ten vierde, hoe ingewikkeld de financiering van e.e.a. ook mag lijken, dit wordt veilig in handen gelegd van, en gehouden door, een technocratische elite.

De overmoed en ontkenning van keuzevrijheid, impliciet in die boodschap, was brandstof voor een boze publieke reactie lang voor de crisis van 2008 en de daaruit voortvloeiende beslissing

door de meeste liberale democratieën om enorme hoeveelheden publiek geld te gebruiken voor het redden van banken, terwijl bijna iedereen in de maatschappij leed aan economische stagnatie en de erosie van de publieke sfeer. Maar hier zijn we weer: we spelen hetzelfde dreunende deuntje.

Voortgang in AI, robotica en andere technologieën zullen waarschijnlijk ons leven veranderen, of we dat nu leuk vinden of niet. Veel mensen, met name laaggeschoolde werknemers, dienen steeds meer onzekerheid en steeds strengere controle te accepteren. Zaken waar we om geven, variërend van het beschermen van onze gegevens tot een duurzaam belastingstelsel, kunnen noodzakelijke slachtoffers zijn om vooruitgang te boeken. 'Maar u hoeft zich geen zorgen te maken,' wordt ons verteld, 'want een klein aantal fabelachtig rijke bedrijfseigenaren in Californië en Shenzhen zijn wijs en hebben het goed met ons voor.'"

Een (organisatie)strategie ligt, vaak, aan de basis van een gewenste/noodzakelijke verandering. Voor het slagen van zo'n verandering is enige mate van 'urgentie' zéér gewenst. Wat RSA hier laat zien is v.w.b. urgentie 'different koek' dan het NL uitgangspunt. Disruptie is al enige tijd in volle gang, wij hier (b)lijken alleen wat laat 'wakker te zijn geworden'.

Managen en Leiden Pre-Corona, over Leren (en Afleren).

De RSA voorziet 4 scenario's voor de Britse arbeidsmarkt in 2035
(NB; omdat de uitkomst van welk vorm van Brexit ook, onduidelijk
is, blijft dit hier buiten beschouwing. Overigens, de onderzoekers
verwachten dat klimaatverandering een nog grotere impact kan
hebben op de arbeidsmarkt. Let wel: dit soort onzekerheden toont
nog meer de noodzaak aan van scenario denken.)

1. The Big Tech Economy describes a world where most
   technologies develop at a rapid pace, from self-driving cars
   to additive manufacturing.
2. The Precision Economy portrays a future of hyper
   surveillance. Technological progress is moderate, but a
   proliferation of sensors allows firms to create value by
   capturing and analysing more information on objects,
   people and the environment.
3. The Exodus Economy is characterised by an economic
   slowdown. A crash on the scale of 2008 dries up funding
   for innovation and keeps the UK trapped in a low skilled,
   low productivity and low pay paradigm.
4. The Empathy Economy envisages a future of responsible
   stewardship. Technology advances at a clip, but so too
   does public awareness of its dangers. Tech companies self-
   regulate to stem concerns and work hand in hand with
   external stakeholders to create new products that work on
   everyone's terms.

"Hoe dienen we deze scenario's dan te gebruiken? We kunnen
besluiten dat de ene visie op de toekomst wenselijker is dan de
andere en daarom onze aandacht en middelen, 'strategic
capabilities', daarop richten om het te laten gebeuren. Maar dit is
niet alleen onmogelijk met het oog op de wereldwijde krachten
waarmee we te maken hebben, het negeert ook dat elk scenario
positieve en negatieve kanten heeft, voor- en nadelen. (....) De
uitdaging voor beleidsmakers, onderwijzers en werkgevers is om

ervoor te zorgen dat het doel van duurzame arbeid overheerst, ongeacht het pad dat we daarvoor afleggen." Aan hen de keuze.

De RSA geeft in de conclusies nog kort de consequenties aan van ieder van de scenario's:

"The urgency of applying them will vary.

> The Precision Economy, which would result in an expansion of gig work and self-employment, would add pressure on the government to equalise tax and benefits between employees and the self-employed.
> The Exodus Economy, where unemployment and underemployment would shoot upwards, would add weight to calls for Universal Basic Income pilots.
> And in the Empathy Economy, where jobs growth in strong in sectors like healthcare, hospitality and tourism, new occupational licensing rules would help to improve the status and pay of hi-touch jobs that are typically viewed as low-skilled."

Mogelijk vraag je nu "En het Big Tech Economy scenario dan?" Dat wordt een 'arbeidsmarkt' van robotica, machine leren, kunstmatige intelligentie.....

In Nederlands digitaliseringsstrategie lezen we "Iedereen moet mee kunnen doen, op de arbeidsmarkt, maar ook in de samenleving als geheel. Dat vereist inspanningen op het gebied van basisvaardigheden, digitale inclusie, duurzame inzetbaarheid en leven lang ontwikkelen, inclusief om- en bijscholing voor de vaardigheden en banen van de toekomst." Mooi, maar welke toekomst, welke economie c.q. welk scenario wordt dat dan? De toekomst is nu.

Willen we als NL Concurrerend en Innovatief blijven, moet er Iets gebeuren!

"Ook in andere sectoren is een groeiend urgent tekort aan technisch geschoold personeel, zoals programmeurs, data analisten, AI experts, … willen we als NL concurrerend en innovatief blijven moet er iets gebeuren. TechniekPakt doet veel maar is niet voldoende." twitterde 'Constantijn14' op 19 april n.a.v. een bericht in De Telegraaf: "Crisis bij Technologische Industrie vanwege Krapte.".

'Constantijn14', 'Startup Envoy NL – Passionate about innovation – Director Digital Technology & Macro Strategy', is ook bekend als prins Constantijn, broer van onze koning.

"Werkgevers in de technologische industrie worden hard geraakt door het personeelstekort. Ruim 90% van de bedrijven heeft zeer grote moeite geschikt personeel te vinden. Bij een kwart van de ondernemingen gaat dit zelfs ten koste van de groei." meldt De Telegraaf n.a.v. onderzoek door ondernemersorganisatie FME. Op zich weinig nieuws, 'ernstig tekort aan personeel'. Het is een thema dat de laatste jaren ieder kwartaal wel een keer terugkomt in het nieuws, oud-nieuws dus feitelijk (NB; voorgaande YT is bijv. alweer uit 2010…) maar iig geen fake news: 'Deal with it.'

Het is blijkbaar moeilijk tot zéér moeilijk voor werkgevers om voor het tekort aan talent een oplossing te vinden, een enkele, of is het uitzonderlijke(?), uitzondering daargelaten. Deze 'uitzondering' is blijkbaar een aantrekkelijk werkgever. Dat op het thema 'aantrekkelijk werkgeverschap' een 4 jaar 'oud' blog gebaseerd op de afstudeeropdracht van een HBO studente op het thema 'aantrekkelijk werkgeverschap', nog steeds hoog scoort in de zoekopdrachten zegt ook 'iets' nl. dat het voor het thema 'aantrekkelijk werkgeverschap' lastig is voor commerciële adviseurs om daarvoor een alternatief c.q. een oplossing aan te dragen.

Overigens, dat je een aantrekkelijk werkgever bent voor je medewerkers is fijn, héél fijn. Wellicht weet je juist hen daarmee vast te houden en de schaarste/schade daarmee te beperken. Maar dat betekent nog niet dat je ook (al) een aantrekkelijk werkgever bent in de ogen van potentiële kandidaten. Dat 'aantrekkelijke' mag je, vanaf het 1e contact, duidelijk maken in je werving en selectie proces.

Deze week verschijnt in de nieuwe Harvard Business Review het artikel 'Your Approach to Hiring Is All Wrong': je aanpak bij werving en selectie is helemaal fout. Op basis van je tekort aan talent lijkt er daarvoor 'iets' te zeggen; toch? Auteur van het artikel prof. Peter Cappelli stelt n.a.v. zijn onderzoek "If you don't know where you're going, any road will take you there….". Idd: als je geen Strategisch HRM praktiseert, als je voor je organisatie niet beschikt over een Visie c.q. toekomstbeeld, maar op de schaarse arbeidsmarkt 'alles pakt wat je pakken kan', dan is alles wat je binnen weet te halen aan 'talent' al een succes! Toch? Nee dus.

Cappelli: "Recruiting managers desperately need new tools, because the existing ones—unstructured interviews, personality tests, personal referrals—aren't very effective. The newest development in hiring, which is both promising and worrying, is the rise of data science–driven algorithms to find and assess job candidates. By my count, more than 100 vendors are creating and selling these tools to companies. Unfortunately, data science—which is still in its infancy when it comes to recruiting and hiring—is not yet the panacea employers hope for." Zelfs machine leren brengt je niet veel verder. Sterker nog: de daarvoor benodigde data zijn vaak gebaseerd op ervaringen uit het verleden. Nam je toen m.n. blanke mannen in de leeftijd 35 – 45 aan, dan is de kans op een selectie met juist die, ook schaarse dat dan weer wel, kandidaten nu opnieuw groot: 'garbage in is garbage out'.

Managen en Leiden Pre-Corona, over Leren (en Afleren).

Voor Cappelli start het probleem van het tekort aan talent bij het de constatering dat nu meer dan in voorgaande decennia vacatures worden ingevuld met kandidaten van buiten. Van interne doorgroeimogelijkheden voor je huidige medewerkers wordt steeds minder gebruikgemaakt. "In the era of lifetime employment, from the end of World War II through the 1970s, corporations filled roughly 90% of their vacancies through promotions and lateral assignments. Today the figure is a third or less. When they hire from outside, organizations don't have to pay to train and develop their employees. Since the restructuring waves of the early 1980s, it has been relatively easy to find experienced talent outside. Only 28% of talent acquisition leaders today report that internal candidates are an important source of people to fill vacancies—presumably because of less internal development and fewer clear career ladders."

In de ogen van veel werkgevers kost het opleiden en ontwikkelen van medewerkers je organisatie meer geld dan een werving en selectieproces. Cappelli bestrijdt dit. Ik ben het met hem eens, maar ja mijn ervaring is dan ook gebaseerd op het investeren in medewerkers en investeren, d.i. toch 'iets' anders dan kosten.

In zijn artikel doet Cappelli verschillende voorstellen om je werving en selectie proces (W&S) te verbeteren, veel van deze voorstellen komen je bekend voor, verwacht ik. Hier beperk ik me dan ook tot zijn slot constatering: "It's impossible to get better at hiring if you can't tell whether the candidates you select become good employees. If you don't know where you're going, any road will take you there. You must have a way to measure which employees are the best ones." Eenvoudig gezegd: volg ook bij W&S de continue ontwikkelcyclus Plannen, Uitvoeren, Beoordelen; zie o.m. London 2012.

Succes bij deze mooie, want d.i. het ook, uitdaging!

Managen en Leiden Pre-Corona, over Leren (en Afleren).

Tot slot, Pre-corona sloot ik mijn 'andere' blog af met de bijdrage
'Strategisch HR trends 2020'

Wat mij betreft zijn de trends op het vakgebied Strategisch Human
Resources (en Robotica) Management voor 2020 en komende jaren:

> - Diversiteit
> - Gelijkheid
> - Inclusiviteit
> - Globalisering
> - Klimaat
> - Robotisering
> - Kunstmatige Intelligentie
> - Machine Leren
> - …….

D.i. idd 'iets' anders dan dat wat je vwb 'trends 2020' momenteel
vooral leest zoals de thema's werving en
selectie/arbeidsmarktcommunicatie/employer
branding/onboarding; scholing en
ontwikkeling/inzetbaarheid/talent management;
verzuim/arbeidsomstandigheden/gezondheidsbeleid.

Als je deze onderwerpen in 2019 nog niet hebt aangepakt, beter
nog opgelost, dan kun je hier op doorpakken maar daarmee zijn het
nog geen 'trends'.

Een korte toelichting op dat wat ik voorzie als SHR(R)M Trends
2020.

Diversiteit: Wanneer mensen zich in een omgeving bevinden waar
iedereen er hetzelfde uitziet, klinkt, handelt en denkt, kan het een
cyclisch systeem creëren dat uitsluitend bestaat uit dezelfde soort
mensen. Een uniform systeem dat de ontwikkeling van de
organisatie uiteindelijk tot stilstand brengt.

Managen en Leiden Pre-Corona, over Leren (en Afleren).

Gelijkheid: "Vrouwen verdienen in Nederland gemiddeld 15% minder dan mannen. Daarom is het op 6 november Equal Pay Day, een symbolische dag die de datum markeert vanaf wanneer vrouwen in Nederland in feite 'gratis' werken. (….)" meldde Het FD recent. Hoog tijd dat we deze onrechtvaardigheid, want dat is het, in 2020 oplossen.

Inclusiviteit of 'insluiten': 'minderheden' of 'ondervertegenwoordigden' in je organisatie deel uit laten maken van je organisatie. Feit is dat je pas écht van een geslaagd inclusiviteit beleid kan spreken als (op z'n minst) een vertegenwoordiger van de 'minderheid' op strategisch of Top niveau in de organisatie (ook) beslissende besluiten kan nemen.

Globalisering: niet alleen handels conflicten zoals tussen VS & China hebben invloed op je Strategisch HR beleid, ook het massa toerisme als gevolg van de toenemende en meer verspreide c.q. globaliserende welvaart. Venetië resp, Giethoorn zijn niet de enige locaties met meer toeristen 'dan je lief is' c.q. dan je 'cultureel sensitieve' medewerkers hebt om niet alleen toeristen maar ook je internationale klanten optimaal te kunnen bedienen.

Klimaat: het is 'slechts' nodig dat ik hier het woord 'stikstof' laat vallen. Hoe dan ook en Overheidsmaatregelen of niet: dit heeft personele gevolgen en dat niet alleen voor de sectoren Landbouw en Bouw/Infrastructuur

Robotisering: laat ik het voor nu houden bij een YT. Je ziet daarin de mobiele robot SPOT, deze handige 'logistiek medewerker' is nu al te bestellen.

Kunstmatige Intelligentie: in zijn boek 'Homo Deus: een kleine geschiedenis van de toekomst' vraagt Yuval Noah Harari zich af "Waarom nog Artsen opleiden als Kunstmatige Intelligentie betere diagnoses stelt?" Dit heeft niet alleen implicaties voor het HR beleid van ziekenhuizen en zorginstellingen, ook voor het dito beleid van onderwijsinstellingen.

Een aanrader wat dit betreft is ook de docu 'Do You Trust this Computer'. Kijk op '23 naar de gynaecoloog achter zijn Da Vinci robot en luister wat hij ervaart.

Machine Leren: de chatbot neemt in rap tempo de plaats in van telefoon teams. Omdat het, als het goed is, een 'zelflerend systeem' betreft, verloopt een contact in het begin nog moeizaam. Maar hoe vaker contact ontstaat, hoe sneller de chatbot leert. 'Toets 1, toets 5, toets 3, nog '20 wachten…. belt u later nog eens terug' is in 2020 dan ook verleden tijd, en dat niet alleen bij de Belastingdienst.

……….: We leven in interessante tijden, ik twijfel er dan ook niet aan of we worden in 2020 met een trend geconfronteerd die ik nu nog niet voorzie. Maar da's dan ook een mooie uitdaging; verwacht ik.

NB; N.a.v. deze trends merkt een Master student op: "Dus binnen afzienbare tijd verdwijnt de HR functie." Als je in die functie niet transformeert naar Strategisch Human Resources en Robotica Management, dan idd….

Nu, terugkijkend bleek de 'trend die ik november 2019 niet voorzag' de corona pandemie te zijn…..

Bron van deze laatste: https://willemscheeperss.wordpress.com

=o=o=o=o=o=o=

INDEX

Managen en Leiden Pre-Corona, over Leren (en Afleren).

Op de tekst aanvullende informatie vind je bij deze digitale bron:

http://www.managementpro.nl/2019/

Willem E.A.J. Scheepers MBA

https://www.linkedin.com/in/willemscheepers/